はじめに　縄文から受け継がれた「願いをかなえる運命」

今、「縄文」が多方面から注目され、静かなブームが起きています。

自然と調和しながら、1万年以上も平和な社会を築いていた縄文人たち。世界中探しても、これほど長きにわたりひとつの時代が続いたという歴史はありません。

では、なぜ縄文人は1万年以上も平和かつ自由に生きていられたのか。

それは、彼らがすべての存在のなかに神様を感じていて、自由自在に高次元の存在と一体になることができたからなのです。

これを現代風にいえば、**縄文人は宇宙が味方になる生き方をしていた、**といえるでしょう。彼らは宇宙とつながり、願ったことをすべて具現化させることができたのです。

それが僕らの祖先なのです。

あなたのなかには、縄文人から受け継いだ、高い霊性が宿っています。

それを生かすことができれば、自らに流れる「願いをかなえる運命」を拓くことができるようになるのです。

この本は、縄文の歴史を知ることで自らのルーツをたどり、あなたが「願いをかなえる運命」を生きられるようにお手伝いするために生まれました。

宇宙が味方になることを、僕は「空間を味方につける」とか、「神様の覗《のぞ》き穴の向こうにある世界に触れる」という言葉を用いて、これまでの著書や講演でみなさんにお伝えしてきました。

空間というのは、物理学者である僕が専門としてきた「素領域理論」に基づいた表現で、わかりやすくいうと「あの世」「神様の世界」のことです。

あの世、神様の世界は遠いところにはありません。本当は僕らのまわり、僕ら自身、すべての物質が神様の世界と一体（ワンネス）なのです。

ですが、長い進化のなかで、人間は神様と一体である感覚を忘れてしまいました。

それは悪いことではなく、人間の進化の歴史を見れば当然のことなのですが、忘れてしまったことで、願いを自由にかなえる術《すべ》も同時に失っていきました。

しかし、この日本という国のすごいところは、少しずつ「本当の自分」が持つ霊性を、思い出しはじめている人が増えている、というところなのです。

自分のなかに眠る霊性を自覚し、目覚めさせている人が、ここにきてたくさん登場しています。

この国は、縄文時代のように神様が応援してくれるような生き方さえすれば、誰もが自分の理想を実現できる特別な場所です。

本書を通じて、それを思い出していきましょう。

では、どのようなときに神様は応援してくれるのでしょうか?

この本では、それを「縄文ゲート」という言葉を用いて、僕なりに解き明かしてみたいと思います。

縄文ゲートとは、あの世とこの世の間にある壁（境目）のことで、特に今はあの世との壁が薄くなっていて、それだけ縄文ゲートも開きやすくなっています。

縄文ゲートを開くことで、神様からの強力な応援が得られます。すると、あなたの願いもきっとかなえられることでしょう。

そのためのヒントが、太古の縄文人たちの生き方のなかにたくさん秘められています。

さあ、ご一緒に、縄文のスピリットを訪ねる旅に出かけましょう。

「はじめに」の最後にお伝えしたいことがあります。

本書の巻末には、縄文ゲートを開くための、太古から伝わる「縄文の秘儀」が袋とじとなってついています。

この秘儀は、本来なら決して公開してはならないものでした。

しかし、令和の時代となり、「たくさんの人に霊性を取り戻してもらい、この国に真の平和をもたらす」という、僕の魂の使命を実践するときがきたのです。

ですから、縄文の子孫であるあなたに、神様とつながり、宇宙が味方になる貴重な秘儀を、包み隠さずにお伝えすることを決意したのです。

この秘儀で、あなたに自分らしく生きる道を見つけていただけるのであれば、この上ない喜びです。

秘儀の内容が気になるかもしれませんが、それは「縄文人の霊性を受け継いで生まれたのだ」ということを、あなたが本当の意味で理解していないと効果を発揮できないものです。

ですから、本書の内容をじっくり読んでいただいてから、ぜひ実践してみてください。

令和の時代に、この国に平和と自由がもたらされますことを祈って。

もくじ

第2章　縄文ゲートが開き、神様とつながる

第3章　縄文ゲートを開くさまざまな方法

第１章

宇宙とつながっていた縄文の世界

エゴや争いのなかった縄文の世界

まず、一般的によく知られている縄文時代の特徴をあげるとすれば、次のようなものでしょうか。

①中石器時代・新石器時代にあたる、約1万5000年前ごろから紀元前4世紀ごろにかけての時代。主に日本に稲作が入ってくる前までで、認識されている文明では、縄文文明が世界最古であると考えてよい。

②森や川など豊かな自然に囲まれた場所で、狩猟や採集、漁労などで生活を営んでいた。

③土器の発達によって煮炊きや貯蔵をすることで、移動生活から定住型のスタイルへと変化し、竪穴式住居からなる村で暮らしていた。

④縄文の社会には身分の差はなく、それぞれの得意な技を磨き、遠く離れた村人たちとも翡翠《ひすい》、黒曜石《こくようせき》、貝などの交易を行っていた。
⑤ストーンサークルなどで祭祀を行うとともに、墓のなかに漆《うるし》や自然物のアクセサリーを入れて死者を葬るなど、魂の永遠性を信じていた。

こうした特徴は、日本各地の縄文遺跡や遺物などの調査によって現代人が想像したものですが、後述するように、縄文人たちは今の僕たちの想像をはるかに超えた生活を送っていました。

それについては後ほどくわしく述べるとして、彼らが自然の恵みを取りすぎず、不要なゴミも出さず、家族や仲間を含め、すべてのいのちをとても大切にしていたのは確かです。

その理由は、縄文人が自分たちの生みの親である宇宙と完全につながっていたからです。

それゆえ、争いや殺戮《さつりく》のない平和社会を長く維持していたわけで、まさにそれは、神様にすべてを委ねる「全託」の生き方といえるでしょう。

縄文人たちは、人間の本質である愛や霊性に満ちていたからこそ、人と争い合うこともなく、他人のいのちも自分のいのちと同じように大切に扱っていたのです。

霊性とは、あの世からの情報をキャッチするセンサーのようなものです。霊的感性ともいえますが、縄文人と現代人の一番の違いは、縄文人は霊性を主体とした生き方をしていた、という点でしょう。

彼らはなぜそのような生き方ができていたのでしょうか？

はじめに結論を述べておくと、縄文人は宇宙と一体となり、「愛」という存在そのものだったからです。これが縄文人のすべてといってもいいでしょう。

つまり、肉体的なしがらみを超えて、神の一部として生きていたからこそ、1万年以上もの間、理想社会を維持することができたのです。

僕たち日本人は、この縄文人の血を脈々と受け継いできました。日本人が霊性の民といわれるのは、縄文人の子孫だからです。

ゆえに、僕たち現代人も、縄文人が行っていたように、宇宙とのつながりを取り戻すことができれば、「願いをかなえることができる運命」を拓けるようになります。

では、具体的にどうすれば宇宙とのつながりを取り戻すことができるのでしょうか。

縄文人は、肉体的なしがらみを超えて宇宙とつながるための「ゲート」の存在を知っていました。実はそのゲートが、令和時代にふたたび開きはじめているのです。

昨今、僕だけでなく、多くのヒーラーや知識人が、この国の霊性の高まりを説いています。霊性が高まっているこの国に暮らすだけで、普通の人が何もしなくても、自分の願いをかなえることができる時代になっているのです。今が人生を変えるチャンスといっても過言ではありません。

本書を通じ、縄文人の生き方から幸せの真理を学ぶことで、きっとあなたの人生に愛と平和が満ちることと思います。

縄文人のルーツを知る

ここで、僕の魂の記憶とあの世からもたらされた情報に基づいて、縄文人が実際にどのような暮らしをしていたかについてお話ししたいと思います。

これから述べることは、おそらく聞いたことのない話だと思いますが、後述するようにそれなりの根拠があるので、まずは先入観を取り払ってお読みください。

縄文人が宇宙とつながっていたというのは、決して比喩的な意味合いではなく、**実際に霊体として存在し、あの世とこの世の壁を越えて両方の世界を自由に行き来していた**ということです。

肉体を持つ前に、人が霊体だけで存在していたのは、縄文よりも前の時代までさか

のぼります。

それは、太平洋上にあった超古代のレムリア文明で、**縄文人のルーツはその「レムリア大陸」から日本列島に渡ってきた人たち**なのです。

レムリアに関してはいろいろな説がありますが、南太平洋上にあったムー（大陸）と呼ばれているのが実はレムリアであり、レムリアにいた人たちはその前は金星にいました。

金星から地球のレムリア大陸に降り立ったとき、彼らはまだ肉体に入りきっておらず、霊体のほうが主でした。いわば**霞《かすみ》のような状態**です。

彼らはそのような半霊半物質の存在だったので、ときに龍神や鳳凰《ほうおう》の姿に変わるなど、変幻自在でした。

また、初代神武天皇から8代目までの天皇には尻尾のようなものがあったそうで、日本が「龍神の国」といわれるのもひとつにはそのような理由によります。

やがて、レムリア大陸は1万2000年ほど前に天変地異によって水没します。

その際、ほとんどの人が金星に戻ったのですが、そのころの金星は著しい環境変化が起きていたため、一部の人たちは地球に残ることを選択しました。

ちょうどそのころ、富士山が大噴火を起こしていて、その噴煙は成層圏まで上がっていました。そのため、レムリア人たちは、水平線の彼方にその噴煙が見えたことから、「あれは火山に違いない。あそこには大地がある」と見抜き、新天地を求めて日本列島を目指したのです。それが縄文の祖先たちにあたります。

レムリアからやってきた人たちは、最初は沖縄に入って、徐々に日本列島を北上していきました。そして、日本列島で縄文文明を築いていったのです。

実は、僕自身、このときのことを、前世記憶としてよく覚えています。

滅びゆくレムリア大陸から、日本列島を目指したグループ。僕はこのグループを率いていたリーダーでした。

それまで僕は、レムリアの女神と呼ばれていた女王に仕えていました。

レムリア大陸が水没する際、女王は責任を感じて地球に残ろうとしたのですが、僕が彼女を説得し、金星に帰しました。

僕はそのときのことを懐古するたび、「あのあと、女王はどうなったのかなあ」と思っていました。

ですが、この本の執筆が決まってからすぐのことです。今生、男性として日本に生まれついた女王と再会する機会があったのです。お互いにそのときの記憶を確認し合い、ご縁の深さに驚きました。

その方こそ、今、鎌倉ドクタードルフィン診療所院長をなさっている、ドクタードルフィン（松久正氏）で、医師として魂のお仕事をされています。

彼との再会で、僕のレムリア―縄文人として生きていたころの記憶がさらに呼び覚まされることになり、本書の内容もより奥深いものをお伝えすることができるようになったのです。

さて、話が少し脱線しましたので、レムリア―縄文人たちの話に戻りましょう。

水分量が多い霞のような存在だった当時のレムリア―縄文人たちですが、後に、その霞に約1万年という歳月をかけ、徐々に肉体が入ってくることになります。

どのように肉体化したかに関しては後ほどくわしく説明しますが、我々の祖先は、肉体の密度がどんどん濃くなっていくとともに、霊体主導から肉体主導の生き方へと変化していきました。

肉体主導というのは、あの世とこの世を完全に切り離して生きることをさします。

現代人は完全に肉体化しているので、なかにはあの世の存在をまったく感じられずに、また感じようとせずに生きている人がたくさんいます。

ですが、**肉体化したといっても、日本人は世界中でもっとも霊性が高い民族であるといえ、霞だったころの霊性を完全に忘れているわけではないのです。**

自然と一体になって生きることに非常に長けていて、見えない「和」を感じることができるのが日本人なのです。

新元号が『令和』と決まった瞬間、その言葉に霊性を感じた方が多いと聞きました。

こういったことも、日本人には縄文人の血が流れていることに起因した、霊性の反応です。それは、あなたにも確実に流れています。

それゆえ日本人には、人生のあらゆる場面で、霊性を際立たせる瞬間があるのです。それを感じることはとても大切なことです。

もし、宇宙とつながるゲートを開くことができれば、肉体化したために忘れていた霊性をふたたび取り戻すことができるのです。

縄文人の霊体と水の関係性

初期の縄文人たちは霊体が主だったので、重力などの肉体的な制限を受けず、そのため宇宙の無限の力を自由に引き出すことができました。文字どおり「我がまま」に生きていたわけです。

霊体と肉体の大きな違いのひとつは、霊体は霞のように自由に姿を変えられるところです。

たとえば、古今東西、幽霊はよく霧のなかに出てきますが、そのわけは、**霊体は水（湿気）を媒介にしている**からだといえます。

肉体を構成する素粒子の構造物のなかで、最初にできるのが水分子です。つまり、水のなかに霊的なエネルギーが宿った状態になり、それが霧状に現れてくるのです。媒介する物質が水である理由は、水には情報を記憶（転写）できる働きがあるからです。

これこそ、幽霊が霧状の場所に姿を現わしたり、沼地や井戸などの水辺で目撃されたりする理由です。ですから、湿気の多い霧状の場所があれば、水を介して霊体のまま移動することができるわけです。

幽霊ではありませんが、物理的には縄文人もそれに近い存在だったといえます。

縄文人が山や森などの高地で暮らしていたのは、霧や雲が近くにあるので霊体移動がしやすかったからです。彼らは霧や雲とともにどこへでも軽々と移動できたので、遠く離れた地域の人たちとも自由に交流していました。

古来、「仙人は霞を食べて生きている」などといわれてきたのは、縄文人の身体の素材がまさに雲や霞のようなものだったからで、決して比喩ではありません。

また今でも、よく龍神や鳳凰の形の雲が出現することがありますが、あれは霊体が雲の形となって現われているからです。

縄文人のなかには、船で海路を往来した人たちもいましたが、いずれにしても彼らは霊体が主だったために、どこに移動するのも自由自在だったのです。

クリエイティブな宇宙と一体となっていた

そんな縄文人にもできないことはありました。

彼らはまだ完全に肉体化しておらず霞状の霊体なので、実際に自らの手先を使って物を創作することは不可能だったのです。

ですが、宇宙と完全に一体化している縄文人の想念自体が、この世の側にある物質へ直接影響を及ぼしていくことは知っていました。

そこで、**縄文人は、想念を用いて物づくりを行っていた**のです。そのクリエイティブな想念は、宇宙の意思と同一のものであると考えていいでしょう。

彼らが物をつくり出すメカニズムは、次のようなものになります。

①想念（意識）でつくり出したい物や新しい物をイメージすると、それが霊界での「ひな型」、つまり「設計図（青写真）」となる。
②想念からできた設計図に、この世の側で物質のもととなる「素粒子」が自然と集まってくる。
③集まってきた素粒子が、その場の自然環境によって生まれる素粒子と反応（共振共鳴）しはじめる。
④長い歳月をかけそれを見守り、やがて設計図どおりの物を出現させる。

こうして、縄文人は霊体のままでも、さまざまな物質をつくり出したわけです。

このプロセスは、現代の「３次元（３D）プリンター」にたとえられます。３次元プリンターは対象物の形を３次元でコピーし、コンピュータのなかに設計図をつくります。その設計図どおりに何度も何度も微粒子を吹きつけながら、徐々に立体的な物を形づくっていくのです。

「母なる大地」という言葉がありますが、３次元プリンターのような自然界の働き・エネルギーがまさにそのもののようです。

母なる大地とは、「設計図さえ完成すれば、どんなものでも形にしていく」というところから生まれた言葉なのではないでしょうか。

縄文人は霊体であったころから非常に観察眼に優れていて、自然の生態系をよく観察し、どんな場所ならどんな物をつくり出せるのか熟知していました。

とりわけ当時の日本は霊界のひな型どおりに素粒子が入って上質の物をつくりやすい環境だったことが推察されます。

多種多様な木の実や薬草、魚介類、水晶、翡翠、黒曜石といった鉱物なども豊富で、自然に委ねてつくることによって、生命力に満ちた良質な自然物がひな型にもたらされることを体験的に知っていたからです。

あなたは、その製造方法が現代科学では不明、または当時の科学技術では不可能と考えられる出土品「オーパーツ」をご存知でしょうか。

水晶のドクロ（頭蓋骨）もそんなオーパーツのひとつですが、その不思議な物の製造方法は不明でした。

しかし、縄文人が行っていた物づくりのプロセスを当てはめれば、それは簡単に理解することが可能です。想念で描かれた頭蓋骨のひな型をもとに、その土地の風土によって水晶という物質で形成されたものだと思われます。

いわば、あの世のクリエイターであった縄文人は、良質な物をつくり出してくれる3次元プリンターとして縄文の森をフルに活用していたわけです。


このように、初期の縄文人は、自分たちの手先を使って物をつくり出していたのではなく、「こんな物があったらいいいな」と望む彼らの想念と、自然界の働きにより物づくりを可能にしていました。

まだ完全に肉体ができていないのに物質をつくり出すことができたのは、第一に想念の力、つまり想像力と創造力があったから。

これが霊魂主体の人間が持つもっとも本質的な働きで、どんなにＡＩ技術が発展しても決してまねのできない点です。

そして第二に、想念を具体的に現象化(物質化)してくれる自然の力(エネルギー)があったからで、物をつくるにはこの大地が生み出す力がとても重要です。

縄文人が神事などを通じ、常に自然に対して謙虚で深い感謝を捧げていたのも、何よりも自然に委ねる心があったからなのです。

日本人に残る縄文人と同じ霊性

先述したとおり、初期の縄文人はまだ肉体がなく、手もなかったので、自分たちがイメージした物を設計図（ひな型）どおりの形にするためには、自然界の力に委ねるしかありませんでした。

大地は、雨が降ったり、風が吹いたり、雷が落ちたりすることで、その場独自のエネルギーを有しています。彼らはその大地のエネルギーの働きによって自分たちが描いたひな型が具現化されるのを、じっと見守っていたのです。

くわしくは後述しますが、イメージや想念を具現化するためには、それにふさわしい素粒子が集まってこなければできません。

つまり、想念によるひな型（設計図）は必要条件で、それを具現化するための自然界の素粒子（建築資材）が十分条件、この2つがそろってこそ、物質化が可能になるので

す。

つまり、意識の力が自然界の偶然性と相互作用（共鳴・非共鳴）を起こすことによって物質が生まれ、さまざまな現象が生じるということです。

とりわけ、森と海に囲まれ、地震や雷の多い日本列島は、水素をはじめさまざまな素粒子がたくさんあることから、霊界のひな型を物質化しやすい土壌・風土であり、だからこそレムリア人たちは日本列島を目指したに違いありません。

現在発掘されている縄文土器や土偶、さまざまな生活用具なども、もともとはレムリア――縄文初期の霊団がそのように具体的にイメージし、日本列島の自然の力を借りてこの世に出現させた物なのです。

物づくりを得意とする日本人は、創作の際に「魂を込める」と表現することがありますが、これは、祖先の縄文人が自然界と一体になり、魂を込めて物質を生み出していたことの名残なのです。

そんな縄文の叡智が引き継がれている伝統文化のひとつが、和紙づくりです。

和紙の原料は、コウゾやミツマタ、とろろあおいといった植物、さらに山々に流れる清らかな水などで、すべて自然由来のものです。

和紙をつくる際は、水中に紙料を分散させ、簀桁《すげた》ですくい上げる作業、「紙漉《す》き」を行います。何度も何度も紙漉きをくり返すことによって紙質が調整されます。

上質な和紙は、紙漉きの技術が一体となってはじめて可能になるのです。

紙漉きが簡単な作業ではないことは容易に想像できますが、機械化することなく、職人たちが魂を込めて手作業でつくっているからこそ、日本の手漉き和紙は世界に誇る良質で丈夫な紙と認められているのです。

ここに完成までの過程を自然に委ねる縄文人の物づくりのエッセンスが見て取れます。

また、発酵食品の製造などにも縄文の叡智が引き継がれています。いうまでもなく、酒、味噌や醤油などの発酵食品は、まさに微生物が生み出してくれる自然の賜であり、これまた世界に誇る日本の伝統的な健康食品です。

昔から続く老舗の職人たちがこうした物をつくるときには、水と空と大地に感謝しながら、自らの魂を込めているのではないでしょうか。

物づくりの原点は、物質的なものではなく、あくまで霊的想念（霊性）と大いなる自然力が結合した賜《たまもの》であって、人間のエゴや傲慢《ごうまん》さで物質をコントロールしてはいけないところにあります。

僕はこうした日本人の魂を込めた物づくりを見るたびに、縄文人から受け継いだ霊性を感じるのです。

縄文の霊性が目覚める「令和」の時代

縄文人は「霊性」や「魂」と呼ばれる目に見えないエネルギーが主体で、動物的な欲望や物質に対するこだわりがなく、愛にあふれ、霊体だからこそ可能な生き方を楽しんでいたのです。

今の僕たちのような肉体的な制限がなかったので、たとえば、処女懐胎したマリアによってイエス・キリストが誕生したように、肉体的な性交渉がなくても子どもを身

ごもり、食物を食べない人もめずらしくありませんでした。
現在、霊性の高まりを意識できる人たちのなかに、不食を可能としている人がいますが、彼らは縄文ゲートを完全に開け放ち、縄文の血を目覚めさせている人々に違いありません。

そんなすべてを可能にしていた縄文人ですが、やがて、完全に肉体が入ってからは、次第に宇宙の力が弱まりました。個体によって霊性の強さにも差が出てきます。

特に男性は、肉体を持ってから霊性をみるみる失っていきます。

そのため、縄文人は女性の霊性をみんなで守ることをとても大切にしていました。

肉体を持ってからも女性の霊性はまだとても強く、それゆえ縄文時代は女性がとてもリスペクトされていました。

その片鱗は「縄文のビーナス」や「仮面の女神」などの土偶の姿（女神信仰）にも散見されますが、自ら魂の輪廻を体現していた彼らにとって、女性の「子宮」こそ、いのちの源泉でもあったのです。

新たな肉体をつくり出す段階においては、霊的な遺伝子を残そうとその内なる大地である子宮に種を蒔《ま》きました。

なぜなら、**霊魂主体の人生からすれば、肉体次元のＤＮＡよりも、霊的遺伝子のほうがより重要だから**です。

女性は常に聖なる創造者としての役割があり、日本の歴史上において、天照大神や邪馬台国の卑弥呼など、各地にいた巫女たちが霊的にリードしてきたのも、この縄文からの流れを受けてのものです。

ですが、時代を経て、弥生系の人たちが続々と日本に入ってきたため、争いを好まない縄文人たちは青森や北海道地方など北へ北へと逃れていきました。

そうしているうちに、代々受け継いできた、縄文人の叡智は失われていってしまったのです。

ですが、我々が縄文人の血を受け継いだ子孫だということは事実なのです。

霊性が高まっている令和時代は、縄文人のように霊性で今まで見たこともなかった物をつくり出すことができます。

さらに、心身が常に守られ、あなたが、上手に宇宙に願えば、宇宙が味方となりその願いをかなえるようにどんどん働きかけてくれるのです。

これは、縄文人がやっていたことと同じなのです。

本書では、そのための具体的な方法を『秘儀』として巻末の袋とじにてお伝えします。その秘儀は、本書を最後までじっくりお読みいただき、縄文の世界に触れていただくことで、すんなり習得できるようになります。ぜひ試してみてください。

物理学から見た、霊体と肉体の関係

ここでは、霊体と肉体の違いや関係性、さらに縄文人の霊体が時代を経て肉体化していったプロセスを、僕の専門である理論物理学における素領域理論を使い、科学的にご説明します。

素領域理論とは、日本人ではじめてノーベル賞（物理学賞）を受賞したことで知られている湯川秀樹先生が最晩年に研究されていた理論で、それを「宇宙の背後に潜む基本原理」として僕が発展させたものです。

素領域理論では、この世の物質や肉体は「素領域」と呼ばれる泡のなかに存在する素粒子の集合体で、その泡のすべてを包み込んでいる部分が、「完全調和の場」の一部からなる霊体（霊魂）です。

霊体は、肉体よりも先に存在しているひな型のようなもので、この泡を取り囲んでいる部分が「あの世」や「神様の領域」である「宇宙」にあたります。

そしてこの一つひとつの泡のなかに、肉体を構成するための素粒子が入って肉体組織がつくられることで、晴れてこの世に誕生、となります。

つまり、僕たちの魂が肉体を得るプロセスとは、つぎのようになっています。

①肉体ができる前にまずあの世にひな型（霊体）ができる。
②①でできたあの世の側のひな型に、重なるように3次元の肉体が収れんし、合体している。

縄文人の霊体に次第に肉体が入っていったのも同じプロセスです。

つまり、縄文時代には霊体のエネルギーのまま生きていたのが、徐々に素領域のな

プロセス① ひな型（霊体）

プロセス② 肉体

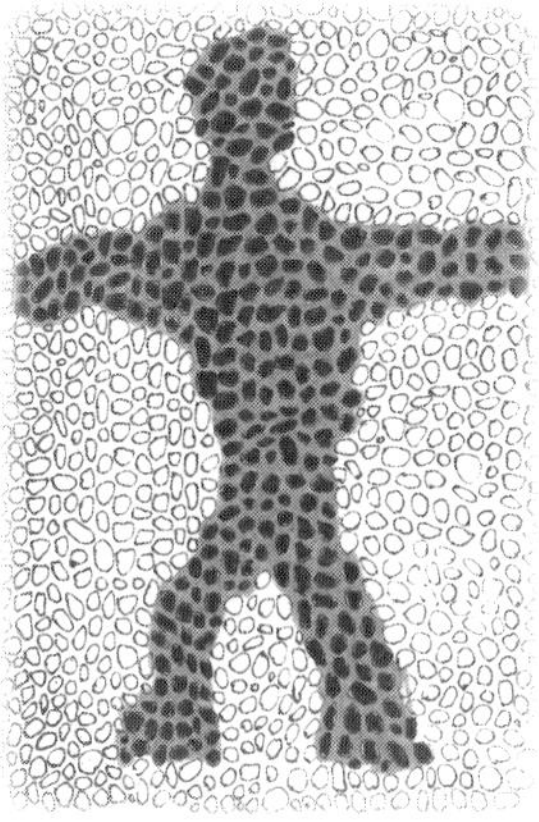

人間は霊体と肉体でできている

かの肉体の濃度が濃くなっていったのです。

縄文人の霊性が失われていってしまった理由は、霊体としてあの世の側にいるより、肉体としてこの世の側で活動することが増えていったからです。

正確には「失われた」というより、霊体として自由にあの世と一体になっていたことを「忘れていった」ということでしょう。

縄文人だけでなく、すべてのものは霊体が主で、肉体は従なのです。それは今でも変わりません。

これを「霊主体従」とか「半霊半物質」という人もいますが、いずれにしても、霊的エネルギーからなる霊体と素粒子からなる肉体の複合体が僕たちなのです。

そして、やがて霊体（魂）が肉体から完全に抜け出て、もとの完全調和の世界に還る、それをこの世側から見たら「死」というわけです。

ちなみに、肉体が入っているときの霊体のことを「魂」と呼びます。

肉体は霊体が一時的に宿っている器（泡）のようなもので、霊体そのものは時間や空間の制約を受けません。つまり、この世とあの世を自由に行き来できるということなのです。

従来の物理学では、泡のなか、すなわち素粒子（物質）しか見ていませんでした。

一方、素領域理論は、泡を生み出す完全調和の世界と泡との関係に着目することから、「あの世（霊体）」と「この世（肉体）」の両方の仕組みを統合する物理学といってもいいかもしれません。

泡＝素領域のなかは、完全調和が崩れた世界で、いろんな次元に分かれています（専門的には自発的対称性の破れといいます）。

3つに壊れたのが3次元、4つに壊れたのが4次元、5つに壊れたら5次元……という具合にたくさん次元がありますが、それらはすべて「この世」であって、素領域理論から見た「あの世」というのは、あくまで完全調和の世界です。

完全調和の世界は、一般には「神霊界」「高次元」「サムシンググレート」などとも呼ばれますが、僕はわかりやすく「背景調和」「神様」「宇宙」などと呼んでいます（本書では、文脈に応じて使い分けます）。

そして、一つひとつの泡（素領域）は、あの世から見たこの世を覗く穴のようなものなので、「神様の覗き穴」とも表現しています。

ようするに、僕たちは、完全調和の側の霊体と、物質的な素粒子である肉体が重なり合って存在していて、本質（原形）は霊体のほうであり、誰もが神様の一部であるということです。

もともとはすべて神様から分化したものなので、もとの完全調和の状態に戻ろうとする働きのことを霊性といってもいいと思います。

そして、この世において宇宙とつながるというのは、あの世の神様からの働きかけが強くなることで、霊体としての働きがより強く発揮されることを意味します。

このように、素領域理論から見たら、縄文人があの世（完全調和の世界）とこの世（3次元の世界）を自由に行き来していたことは、まったく矛盾なく理解できるのです。

縄文ゲートが閉じてしまった理由

では、そもそもなぜ縄文人は肉体化していったのでしょうか。

その理由は、地球で肉体を持つことによって、いろんな苦労や体験をとおして霊的な成長を遂げるためでした。

これは、完全調和の世界が対称性の破れによって分化（現象化）し、分化したものがもとの完全調和に戻ろうとしてエネルギーを発生させる原理と同じです。

もちろん、そのころの縄文人たちにとっては宇宙そのものが神であり、常に神とともに生きていたので、特別な宗教や偶像を崇拝することもありませんでした。

土器や土偶にしても、宗教的な意味合いのものではなく、あくまで道具であり、子や孫にその技術を伝えるための教材として残したものです。

時代とともにいろんな系統の人たちが日本にやってきて、肉体の密度が濃くなるに

したがって動物的な快楽や物欲が生まれ、この世に対する執着が強くなって、その結果、宇宙とのつながりが弱い人たちが増えてしまったのです。

ひと言でいえば唯物主義と自我意識、これが、密度の濃い肉体のなかで生じてしまった否定的な側面です。

こうして、**縄文ゲートが閉じてしまった現代人の大半は、本来は霊体と肉体の複合体である自分のことを、「人間は肉体だけの存在だ」「あの世、天国なんて存在しない」「物やお金さえあれば幸せだ」などと思い込んでしまったのです。**

このかたくなな思い込みが、地球上でくり返される輪廻転生というループにはまって抜けられない理由です。

これでは、せっかくあの世からの働きかけが強くなっているのに、その恩恵を受けられないばかりか、また同じような過ちをくり返してしまうおそれがあります。

地球環境はふたたび縄文化しているのに、人々の意識がいまだに分離感や自我意識にとらわれてしまっているのです。

ですから、何とかこの状況を反転させなくてはなりません。

僕が親しくさせていただいている医師で、以前、東京大学医学部教授をされていた矢作直樹先生は、『人は死なない』（バジリコ刊）というベストセラー本を出されるなど、人は誰でも霊性を持った存在であることに気づいてほしいとの思いからさまざまな活動をされています。医師や科学者たちが霊性について声を上げはじめたのも、あの世からの働きかけが強まっている証しだと思います。

少なくとも、時代的に見ればすでに縄文ゲートは開いているともいえるのです。

神様の意思をこの世に伝えるために

縄文人は、霊体が主だったからこそ、自分たちも宇宙（神様）の一部として生きていられたのです。

これが、１万年以上もの長い間、彼らが愛と調和に基づく理想社会を形成し、維持できていた理由です。

彼らの目的はたったひとつ。**宇宙（神様の世界・あの世）のありさまを、どれだけこ**

の世の物質界に転写できるか、でした。彼らはそれを生きがいとし、創造の喜びとしていたからです。

霊魂は主に自然の力を借りて物質をつくり出したり、さらに肉体が入ってからは、自然の力を上手に扱ったりすることによって、３次元の地上に神の世界を具現化しようとしたのです。

その様子を今に残す儀式が存在します。

それは、『四條流《しじょうりゅう》包丁儀式』というものです。僕は数年前に、神前で行われる四條流包丁儀式を拝見する機会がありました。

四條流包丁儀式とは、神や天皇に奉納する包丁儀式のことで、古式にのっとり、一切手を触れることなく、真魚箸《まなばし》と包丁刀だけで魚をさばき、五穀豊穣を願って神前に奉納する儀式です。

本来、一瞬でも魚に手が触れてはいけないというとても厳格な儀式でした。

この四條流包丁儀式を見せていただいたとき、「これはまだ肉体を持っていないときの霊体の所作に違いない！」と直感的に理解しました。

肉体（手）を持たないがゆえに、まずイメージで魚をさばく方法を練習しておいて、やがて肉体を持ち、包丁を持つようになってからその繊細な技術を思う存分駆使するようになったのだろう、と。

こういった儀式からも見られるように、縄文人は霊主体従による二人羽織的な作業を通じて、この世にできるだけ完全調和の世界をつくり上げようとしたのです。

完全調和を再現した「円」という形

彼らがもっとも完全調和や宇宙のバランスを重んじていたことは、各地に残るストーンサークルや神道の茅の輪などの円の形状にも表われています。

なぜなら、**完全調和な宇宙の姿こそ、円、完全な球体だから**です。天体の形や動きから水滴の形に至るまで、マクロからミクロの世界に至るまで自然界の物質が球体で

できているのは、球体が天然物と人工物に相通じる共通原理によって支配されていることを示しています。

また、数学的に見ても円（丸）はもっとも安定した形です。

円形以外の形の物を重ね合わせようとすると少しでもズレると重ならないのに、円形のものだとズレることなくピッタリと重なり合い、マンホールのふたが丸いのもそのような理由によります（円形以外だとズレ落ちる危険性があるため）。

さらに、神代文字の○のなかに丶を書く図形も、３次元における物質の発生原理を表していて、これは神様の世界と物質界（素領域）の関係を示す形でもあります。

僕たちが、円や球体を見るとふっと心が和んで安心感を覚えるのも、あらゆる図形のなかで円形がもっとも安定しているからで、かつ球体を見ることであの世と共鳴して、魂の記憶が呼び覚まされるからです。

縄文土器や土偶に円や球の形状が多く見られるのも、彼らが大地や妊婦のお腹のなかに宇宙と響き合う発生原理を見出していたからでしょう。

このように、縄文時代は明らかに霊界の影響下にあったのです。

現代技術をもってもつくれない物

縄文遺跡から発掘された住居や建造物、道具、土器や土偶などにしても、三内丸山遺跡など東北地方のものがより精妙なのは、それだけ霊性が豊かだったことを物語っています。

たとえば、火炎土器や遮光器土偶などを見ても明らかなように、現代技術をもってしても同様の物をつくることができないのは、彼らが神様や宇宙人と密につながり合っていたからです。

逆に、現代人がなぜ縄文人と同じ物をつくれないのかというと、現代人は完全調和のあの世との壁が厚く、そのため素領域のなかの素粒子を組み合わせることでしか物を生み出せないからです。

つまり、自我意識にとらわれていて、素領域が固定化されているために、創造的なアイデアも浮かばず、宇宙（神様）の力を自在に活用することができない。だから、単調で機械的なパターンのくり返しになるのです。

それに対して、縄文人たちは完全調和の世界と密につながっていたので、自分たちが思い描いたひな型どおりの物を物質化できたり、あの世からの働きかけによってこの世にはない精妙な物を自由自在につくり出せたりしたのです。

あなたは、縄文の竪穴式住居をご存知でしょうか？　現在、それは「住居であった」という説が主流で、どこの資料館でも住居という形で復元を試みています。

ですが、僕は、あの穴そのものは住居ではなかったのではないか、と思っています。

その理由は、**世界中で発見されているUFO（宇宙船）の離着陸の跡が、竪穴式住居の跡と酷似している**からです。

縄文では宇宙を行き来できる飛行船をつくることも可能だったのではないでしょうか。

縄文の竪穴式住居跡は、UFOの離着陸の跡だと考えれば、縄文人はUFO自体を住居として利用し、それごと金星へ移動していたと判断することができます。

円形の凹みは、アポロ計画の月着陸船のエンジン噴射による月面の痕跡と同じようなもので、縄文人がＵＦＯで他の惑星へ行き来していた証拠です。

後に、渡来系の人たちが来てから、それを隠すために藁《わら》で覆ったのでしょう。

こういった技術こそ本当の創造力で、どんなにＡＩ技術が進歩してもできない神技です。

かつて、芸術家の岡本太郎氏が異様な形の縄文土器を見て、「なんだこれは！」と驚嘆した話は有名ですが、今、縄文土器や土偶への関心が高まっているのは、素領域（この世）の背後にある完全調和の世界（あの世）に感応する人が増えている証しかもしれません。

特に、これからはじまる令和時代は、あの世との壁がどんどん薄くなってくるので、今の僕たちも縄文人のような領域までいけるし、またいかなくてはいけないと思います。

まさに今、次元が融合しつつある、「次元融合」の時代なのです。

現代に伝わる文化や儀式

ここで、レムリア―初期の縄文人たちが想念を設計図として、自然の力を使って物質化した物のなかで、特徴的な楽器をご紹介しておきましょう。

それは、今も神道の儀式などで使われる「笙《しょう》」と呼ばれる吹奏楽器です。

笙は日本で用いられている邦楽器のうちで唯一和音を奏する楽器で、その形が羽を休めている鳳凰に似ていることから、鳳笙《ほうしょう》とも呼ばれます。

頭《かしら》と呼ばれる椀形のものに17本の竹を差し込んだ形になっていて、そのうち15本に小さなリードがついていて、これが振動して音が鳴る構造になっており、吹いても吸っても音が出て、雅楽には欠かせない独特な雰囲気を醸し出します。（参考：日本雅樂會ＨＰ）

笙は温度が変化すると音色が変わるため、そばに火鉢などを置いて一定の温度を保ちながら演奏するのが特徴ですが、そもそもなぜこのような変わった楽器をつくったのでしょうか。

そのわけは、縄文的な視点に立つと正しい解釈ができるのです。

笙独特の指の使い方が最大のポイントで、この指使いこそが内なる神との対話を促す縄文由来の方法だということです。

笙の音を奏でるためには、まず両手の親指と小指をくっつけて、残り3本の指を立てた状態にして指穴を塞ぎ、吹き口から息を出し入れすることによって一度に複数の音が鳴る仕組みになっています。

息を吐いても吸っても音が出るので、笙の演奏では息継ぎという概念はなく、呼吸しながら音を出しているので音がとぎれることはありません。

そして、笙の振動は自分の耳にも直接響くようになっていて、この独特の指使いによる反響音が非常に縄文的なのです。

なぜなら、肉体を持った縄文人は、神の世界であるあの世とのつながりを保つために「音」を使っていたからです。

つまり、自分自身が神の世界から具現化した存在であることを忘れないようにするために、独特の指使いによって笙の音色を発生させ、その振動を肉体にフィードバックしていたのです。

これが、笙の音色を奏でることによって「神たる自分」を自覚し、忘れないようにしていた縄文人の智恵です。

後世にできた祝詞《のりと》や巫女舞いなども、本来は神たる自分（内なる神性）を認識するためのものだったのですが、徐々に形骸化していって、やがて外に神を求めるようになっていきました（ちなみに、笙の最終形は神職が持つ笏《しゃく》です）。

少なくとも、初期の縄文人にとっては自らが神の化身であるとの自覚があり、肉体を持ってからも、内なる神、すなわち各自が神様の分霊であることをはっきりと認識できていたのです。

決してはじめから外の神様を崇めていたのではなく、内なる神としての霊魂を主体とし、肉体に入って二人羽織化してもそれを忘れなかった。

だからこそ、すべての存在のなかに同じ神を見出すことができ、それゆえ誰もが「魂の家族」として互いに清らかな愛を持って平等に接することができていたのです。

「アヌンナキ」と「アラハバキ」

お伝えしてきたように、レムリア—縄文人はこの地球でさまざまなものをつくり出し、宇宙の意思をこの世に転写してきました。

では、なぜその舞台にこの地球という星を選んだのでしょうか？

物質の原材料であるさまざまな元素（原子）のうち宇宙でもっとも多く存在し、地球上の元素のなかでもっとも小さなものが水素です。

金星から地球が移住先に選ばれたのも、自分たちの身体や思いを物質化するための原材料となる水（水素）が地球に豊富にあったからなのです。

数万年前に霊体でやってきたレムリア—縄文人でしたが、やがて地球上の原材料を集めてくる物質レベルの存在を必要とするようになりました。

それが「アヌンナキ」と呼ばれる存在で、彼らは宇宙人によってつくられたグレイのような生き物でした。

アヌンナキは、肉体的な素粒子が結合しやすい存在としてつくり出されました。

つまり、半霊半物質だったレムリア――初期の縄文人たちが自分たちの肉体を完全につくり出す前に、まず3次元の生命体としてアヌンナキをつくり、彼らにいろいろな作業や仕事をさせたのです。

アヌンナキは、今のAIロボットのように、非常にスピーディーに物事を成し遂げました。

最初のころはすべて自然任せで、物をつくり出すのに膨大な時間がかかっていた縄文人でしたが、**代理人としてのアヌンナキをつくったことで、とても効率的に物をつくったり、取り扱ったりできるようになった**わけです。

それが巨石を用いた人工ピラミッドの建設やオーパーツの製造、火をおこす原始的な道具類の発明等々で、このことによって徐々に地上での生活が営まれるようになり、やがて人類の祖先たち（後述）が肉体を持つようになってから旧石器時代を迎え、狩猟採集を行うようになっていきました。

その間、レムリア―縄文人の霊体たちは、ずっとあの世の側のクリエイターとしてこの世の美しい自然に見合った設計図をつくり続けていたわけです。

つまり､霊体としてのもっとも重要な役割は､想像力と創造力を発揮することでした。

一方、アヌンナキは、レムリア―縄文人の霊体たちの意向に添って日本各地で原材料を採掘・収集していたのですが、意識を持っていたために途中で日本の北方から逃げていきました。

当時の日本列島は大陸と陸続きだったため、大陸に渡ったアヌンナキは横断して中近東にたどりつき、現在のイラクあたりで自分たちの文明を築くことになります。それが古代バビロニアです。

後に、神話を通じてアヌンナキは神格化されますが、彼らが当時の人類に教えたものは、太古の日本でレムリア―縄文人から学んだものをまねたものにすぎません。そのなかには宇宙船に乗って飛行したという技術もあり、それが竹内文書の「天の浮船」伝説などとして残っているのです。

しかし、アヌンナキは物欲にとらわれて、左脳型の思考に偏ってしまい、その結果、霊性の働きも次第に弱まっていきました。

そのようなアヌンナキが残した物質文明は、後のヨーロッパ文明へと引き継がれていくことになります。

西に逃れたアヌンナキに対して、日本列島に残ってレムリア―縄文人のスピリットを受け継いだのが「アラハバキ」です。

アラハバキは、霊体の記憶を長く保持し続けていたことから、自然と調和するような土器や土偶をつくって集団生活を営んでいました。

必要以上に生き物を殺さず、すべての存在のなかに神を感じながら、現在知られているような縄文人の暮らしを定着させていきました。

彼らは、右脳的感性や女性性が豊かだったので争いを好まず、強い男性性が求められる表の政治の世界とは一線を画していました。

とりわけ、創造性を宿す女性（女神）を尊重し、巫女をリーダーとして物質よりも霊性を重んじる暮らしを大切にしており、そのため、後発の権力者や政治勢力に翻弄される運命をたどることになります。

ちなみに、肉体を持った人類のルーツは、アヌンナキがつくったのではなく、エバのようなひとりの女性、巫女だったようです。

人間以外のものは、すべて霊体の想念と自然の力によってつくられたのですが、人間だけは人間の子宮が必要だったために、はじめに人類の祖となる巫女がつくられたのです。

それは現在の九州の八女地方にいた巫女で、彼女の子孫である8人の巫女たちが各大陸に渡ってそれぞれの民族が生まれたそうです。


そのような伝説が日本だけに残っており、実際に遺伝子的に見ても人類は8人の女性のＤＮＡから枝分かれしていて、また世界中の民族と同じＤＮＡの型を日本人だけが持っていることから、日本人は8人の巫女の直系であると考えられます。

当然ながら、子どもは両親のＤＮＡを引き継ぎますが、霊体を主に考えると母方のＤＮＡがより重要であり、もっとも大事なのは、その霊的な遺伝子、すなわち神の記憶、魂の記憶を引き継ぐことです。

おそらく、レムリアの霊統を継ぐ巫女は、自らの子宮でわが子の肉体を育んだだけでなく、一人ひとりに聖なる霊力を授けたに違いありません。

僕たちが神の化身であり、この世においても霊魂を主として生きることを終生忘れないようにするために……。

ということは、日本人にはとりわけ霊体の記憶が色濃く残っていて、まして日本に女性として生まれてきている方は、間違いなくレムリア―縄文スピリットを蘇らせるための巫女体質なのです。

アラハバキに託された日本の運命

日本列島に残ったアラハバキが独自の社会形成をしていたのとほぼ同時期に、金星系の魂とは異なる他の惑星の霊団が地球にやってきました。

それは、火星と木星の間にあった惑星にいた存在で、彼らは自分たちの惑星を核兵器戦争で破壊してしまい、そのため新天地を求めて地球にやってきたのです。

今はその惑星のかけらしか残っていませんが、現在地球人として生まれてきている人の多くが、その惑星出身の魂です。

その**惑星の名は「ルシファー」**と呼ばれていて、後に聖書のなかで、堕天使、悪魔として登場します。

ルシファーでは科学技術はものすごく高度に発達したにもかかわらず、霊性が低く、精神文明がともないませんでした。お互いのエゴがぶつかり合い闘争的になったあげく、ついに自分たちの惑星を滅ぼすほどの、大きな核戦争を起こしてしまったのです。

このときに**ルシファーから生き延びて地球に到達したのが、アトランティス大陸の人たち**です。

ところが、彼らはアトランティスでもルシファーのときと同じように、霊性よりも物欲を優先して科学技術を誤用し、結局また自滅してしまうという同じカルマをくり返しました。

このときの魂たちが、現代の欧米の白人たちにたくさん生まれ変わっていて、なかでも強い影響力を持っているのがアトランティス人の末裔であるユダヤ人です。

アトランティス人は、アヌンナキと同様に左脳型のデジタル思考に偏ってしまった結果、自滅してしまったのですが、その末裔である知に長けたユダヤ人の一部が古代の日本に入っています。

そして、現代においても、一部の懲りないアトランティス系の人たちはやっきになって人類のＡＩ化を進めていて、原発や原爆など科学技術を悪用しながらまた同じような過ちをくり返そうとしています。

そこで、何としてもそれをくい止めようとしてがんばっているのがアラハバキ系の日本人なのです。

その一部をこれからご紹介していきます。

伯家神道《はっけしんとう》と日本の霊性

もちろん、日本にはユダヤ系以外にもさまざまな渡来系の人たちが入って混血をしているので、その意味では多民族国家といえなくもありません。

しかし、天皇家や日本人の魂は、レムリアから引き継いだ霊性や縄文スピリットを失うことなく保ち続け、今の日本人のなかにも息づいています。

それは、陰ながら日本の霊力を守り、縄文スピリットを継承してきた人たちがいたからです。

なかでも、宮中祭祀をつかさどってきた神祇官長官・白川家による伯家神道や陰陽師は、そのような重要な役目を担っていました。

僕は今から十数年前に、伯家神道の秘儀参入の修行を60年以上されてきた京都の巫女様から、はじめてお会いしたときに「あなたは宇宙由来の魂だ」と告げられ、伯家神道に伝わる祝之神事《はふりのしんじ》を授かりました。

この経緯については第4章でくわしく述べるとして、その巫女様から、僕はアンドロメダ星雲から来た魂で、銀河系ではシリウス星系宇宙センターのアシュタール司令官だったことを知らされました。

さらに、今世地球での使命は、地球に転生してきた理由をすっかり忘れて転生のループ（魂の監獄）にはまり込んだ仲間たちを覚醒させること、そしてそのために、第2の宇宙センターをこの日本につくることだと告げられたのです。

このことは、これまでの拙著や講演でも何度かお話ししていますが、それを聞いたとき僕には思い当たる節が大いにあり、なるほどと納得したものです。

そしてそれをきっかけに、宇宙の記憶が徐々に蘇り、またそれを裏づけるような不思議な出会いや出来事が今も次々と起きています。

僕が授けられた祝之神事は、皇太子が即位する際、「現人神《あらひとがみ》」となるために受ける儀式のことで、明治天皇以降、この秘儀は途絶えてしまったとされていました。

ところが、それを陰ながらずっと継承していたのがその巫女様だったのです。

巫女様によると、たとえ皇室で継承できなくなっても、時代精神が求める人物が継承すればこの秘儀が失われることはないとのことで、そこでなぜかこの僕に白羽の矢が立ったというわけです。

最初は僕も半信半疑でしたが、何かに背中を押されるように京都の巫女様のもとに通うようになり、月1回のペースで大祓《おおはらい》の祝詞を学びはじめ、10年かけてこの秘儀をマスターしました。

その後、巫女様の後押しを受けて、ギザの大ピラミッドの王の間で祝之神事を執り行うことになり、そこでわかったのは、この祝之神事は6000年前の古代エジプトで行われていた「ハトホルの秘儀」そのものだったということです。

ハトホルの秘儀とは、ハトホルの女神に関連する通過儀式で、紀元20年ごろ、青年イエスが当時エジプトの神官に仕える巫女だったマグダラのマリアと霊的融合をはかることによって、イエスを救世主として覚醒させた秘儀です。

そのときイエスは、自分の身体から己の魂を解放して、マリアの魂とともに王の間の壁に入り込み、互いの魂を重ね合わせて男性性と女性性を融合させることによって霊的に覚醒したのです。

ハトホルの女神によって日本に引き継がれた祝之神事が、皇太子が即位する際の秘儀として伝えられていたということは、それによって日本の祭祀王としての霊力を賜るということであり、祝之神事を受けられた天皇には日本の平安を守るお役目があるということです。

縄文スピリットの守り人「陰陽師」

日本の霊力、日本人の霊性が守られてきた背景には、このような陰の働きがあったわけですが、伯家神道と同じように、陰で天皇を支える役目を担ってきたのが、飛鳥時代から平安時代に活躍した陰陽師たちです。

ここで、それを物語る歴史上のエピソードをお伝えしておきましょう。

大和朝廷から指令を受けた征夷大将軍の坂上田村麻呂が東北に攻め入った際、現地のアラハバキ系の人たちが争いを好まないことを知った田村麻呂は、そこで一案を講じました。

まず、アラハバキの聖地である十和田湖近くの場所を制圧することで、彼らの霊力を抑える。

次に、朝廷の命令どおりに彼らを成敗して根絶やしにするのではなく、自分たちの家来として迎え入れることによって、アラハバキの末裔たちの根絶を防いだのです。

なぜそのような平和的な解決がなされたのかというと、田村麻呂はレムリア—縄文の叡智の流れをくむ陰陽師だったからです。

彼は、敵であったアラハバキも、実は自分たちと同じ縄文人の末裔だということを知って、彼らを生かす道を選んだのです。このことは、陰陽師系の人たちの間で密かに伝承されている事実です。

自分たちの領土を奪われて大和朝廷に組み入れられたアラハバキの末裔たちは、畿内に領土を与えられたものの、いつかまたこの日本を自分たちの手に取り戻す、かならずやレムリア—縄文の叡智を取り戻す、と強く決意しました。

このときに、同じ名字を名乗ることで後に同族であることを確認するために使ったのが、「安倍」という名前です。安倍晴明はもっともよく知られている陰陽師ですが、安倍という名字の家系はすべてレムリア—縄文の叡智を受け継いでいます。

アラハバキの血を引く女性たちは、日本の霊力を維持するために宮中祭祀にかかわり、同族たちによって皇室の周囲を固めていき、それが古神道や陰陽道へと引き継がれていきました。

つまり、天皇家の祭祀にかかわり、それによって日本人の霊性を守る役を担ってきたのが、アラハバキの血を引く陰陽師たちだったのです。

ところが、その一方で、時代を経るにしたがってさまざまな政治的勢力の思惑が入り混じり、とりわけ明治や戦後には日本人の霊性が損なわれるような政策や教育が行われ、それにともなって経済至上主義や唯物主義による社会風潮が蔓延するようになりました。

そのような背景があるからこそ、現代の僕たちが縄文時代のように霊性主体の生き方に回帰すべく、あの世からの働きかけが強くなっているともいえるわけです。

その証しが、今年の5月に行われた新天皇の即位です。

祝之神事を継承させていただいた僕の目から見ると、このたび新たに即位されました令和天皇のご霊体は、レムリアの霊力がとても高いのです。

ですので、今後、日本の霊力を損なわないようにするためには、完全調和の縄文スピリットを蘇らせること、そして、祭祀王としての天皇を中心とした光輝く国づくりが何よりも重要になってくるでしょう。

第２章

縄文ゲートが開き、
神様とつながる

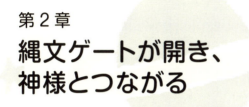

祖先が伝える縄文の秘儀

縄文人が持っていた霊性は、決して特別なものではなく、確実にあなたのなかにも流れています。あなたは縄文の子孫なのです。本書の目的は、その事実を実感して、本当の自分が持つ霊性を発揮していただくことです。

今まではごく一部の限られた人だけが、縄文の叡智を受け継いできましたが、僕はこの国の老若男女すべての人が、自分が持つ霊性に気づき、幸せをつかむ時代がきたと感じます。

あの世との壁を越えられるならば、神様からの応援が得られます。その方法をご説明する前に、実際に「願望実現の秘儀」を駆使し、縄文の秘儀を現代につなげてくれた陰陽師についてお話ししたいと思います。

平安時代に活躍していた陰陽師ですが、その役割は天体や気象を観測したり、鎮護国家のために卜占《ぼくせん》を行ったりすることを職業としていた役人でした。

マスコミなどの影響で、陰陽師について何かおどろおどろしいイメージで捉えている人もいるかもしれませんが、彼らは「陰陽寮」という、今の文部科学省にあたる官庁で働いていた立派な科学者で、黒魔術のような呪詛を行ったりするのはごく一部の人だけでした。

よく知られている陰陽師としては、安倍晴明や蘆屋道満《あしやどうまん》があげられますが、実は、僕の曾祖父も赤穂藩の陰陽師（陽明学者）でした。

江戸初期の「赤穂浪士による吉良邸討ち入り」の話をご存知の方も多いと思いますが、僕の曾祖父は赤穂の陰陽師として働いていたことから暗殺されかけ、岡山県の和気を経て山口県の柳井に逃げ延び、「保江」に名字を変えました。

曾祖父の他にも数名の陰陽師が逃げ延びたそうです。山口県の柳井や田布施には陰陽師の代表的な名字である「安倍」や「占見」姓が多いのはその名残です。

曾祖父は、そこで新たな生活をはじめ、保江家を守っていきました。

僕自身も、陰陽師の家系に伝わる独特な教育を受けてきました。

陰陽師は、武芸と天文学などの文武両道の伝統を受け継いでおり、僕が若いころからUFOや天文学に惹かれたり、合気道や合気柔術をやるようになったりしたのも、ご先祖様の血筋なのかもしれません。

陰陽師の家系に生まれたものとして、僕が体験的に身につけてきたことのひとつが、宇宙にお願いして、宇宙に願いをかなえてもらう方法です。

もちろん、宇宙というのは完全調和の神様の世界のことで、宇宙を味方につければかなわないことはありません。

これまで説明してきたように、この世に存在するすべての物や現象は、まず完全調和の世界で青写真ができ、それがこの世に具現化したものです。

素領域理論で科学的にご説明すると、まず完全調和の世界にひな型ができて、そこにエネルギーが注がれて素粒子ができ、その素粒子の組み合わせによってさまざまな物や現象が生じている、というわけです。

すべては、あの世の側でつくられたものなのです。

もしあなたにかなえたい願いがあるとすれば、それをかなえる最良の方法は、**あの**

世の側にその思いをしっかりインプリントすることです。

そうすれば、あとは何もしなくてもそこに宇宙からのエネルギーが注がれて、この世に具現化されてきます。これがいかなる願いもかなえることができる仕組みなのです。

お楽しみとして取っておいていただいている巻末の『秘儀』で、願いが具現化されるのを体験されるかと思います。

縄文人の子孫として、ぜひ宇宙とのつながりを感じてください。

あの世とつながる縄文ゲートを開く

自分の願いが宇宙に届けば、かならずそれが具現化される。

子どものような無邪気さで神様に委ねるもっともシンプルな方法こそ、陰陽師に伝わる願望実現の秘儀で、縄文の叡智のひとつです。

宮中祭祀をつかさどる家系や、政治をつかさどる一部の人たちも、この秘儀を使って陰で世のなかを動かしてきました。実践する上での問題は、自分の願いがちゃんと神様の世界に届くよう、この世と完全調和のあの世との間にあるゲートを、１００パーセント開け放つことができるか、なのです。

縄文人は自然体でそのゲートを全開にし、あの世とこの世の境をなくしていたからこそ、自由自在に物をつくることができたり、愛に満ちた平和な社会を築けていたりしたわけです。

現代人がふたたびそのような状態を取り戻すには、あの世に対して完全に開かれた状態になる必要があります。

もちろん、肉体的な死を迎えれば誰もがあの世に還るわけですが、肉体を持ったままでもあの世にアクセスでき、宇宙の味方を得ることができれば、願ったことをすべて現実化させることができるので、人生がより豊かになるでしょう。

しかも、今はあの世との壁が薄くなっているので、特殊能力がなくても、また特別な修行をしなくても容易にあの世とつながれるという、とても恵まれた時代に入りました。

その扉を完全に開いていれば、霊体の働きが最大限に発揮されるので、肉体を持ったままあの世とツーカーになって、まるで神様になったかのように奇跡的な出来事が頻繁に起こるようになります。

本書では、肉体を持ったままであの世との壁を越える、すなわち、完全調和の世界に入ることを**「縄文ゲートを開く」**と呼ぶことにしましょう。

巻末にある袋とじの秘儀に関しても同じで、今まではこのような秘儀を知ったとしても、長きにわたって修行を行ってきた者でなければ、扱うのはむずかしかったのです。ですが、この令和の時代に入る今なら、普通に生きているだけで神様から祝福をいただけるのです。

秘儀はとてもシンプルな方法ですが、あなたの願いをかならずかなえてくれます。

僕自身も、奇跡のような不思議な体験をこれまで何度もしてきました。

たとえば、スイスのジュネーブ大学理論物理学科に在職中、車で高速道路を猛スピードで走行していたとき、突然無音の静寂に包まれました。するとそれと同時に、額の裏にある数式が浮かび上がったのです。

後に、それが量子力学において、最小作用原理が成り立つことを示した『ヤスエ方程式』の発見となって、世界的な業績を打ち立てることができました。

また、スペイン人の隠遁者《いんとんしゃ》の神父様との不思議な出会いによって、愛をもって人を和合させる、というキリスト活人術を教示され、それが合気道の本質・原理である「愛魂《あいき》」と同じであることを知りました。

さらには、進行性の大腸がん手術をしたときに、マリア様が白鳩となって現われました。当然、手術は無事に成功しました。

退院後にお礼参りに訪れたルルドでは、思いがけず悪魔の攻撃を受けたものの大天使ミカエルに助けていただいたりもしたのです。

また、偶然、日本のある神社で出会ったロシアのＵＦＯ研究所で働く女性から、ＵＦＯの操縦法を教えてもらったりしたこともあります。

こうした奇跡としか思えない体験をしたときは、いつも宇宙が味方をしてくれていたのは間違いありません。今思えば、まさにあの世との壁を越えていたのでしょう。

起こることに抗《あらが》うことなく、神様に全託する。そんな縄文人のような生き方をすることがとても大切なのです。

あの世との壁が薄い時代の注意点

宇宙にお願いして、宇宙に願いをかなえてもらう。それが本書でお伝えする秘儀の根本原理です。素直な気持ちで神様にお願いして委ねるのです。

願いは、ちゃんと言葉に出すことが大事です。このことは、聖書の「はじめに言葉ありき」や「求めよ、さらば与えられん」という言葉としても残っています。

また、イスラム教のコーランや密教の真言《マントラ》なども、もともとは同じような効果があるものとして残されたものです。

このような願望実現法が、地域や時代ごとに活用されてきたのは、周期的にあの世

との壁が薄まっていたからです。そのようなときこそ、一番願いがかないやすくなるのです。

この世のすぐ外側にあるあの世の力が高まっているおかげで、僕たちの思いもそれだけ実現しやすくなります。

日本では、平安時代にも同じようなことが起こりました。平安京ができて世のなかもある程度治まる一方で、魑魅魍魎《ちみもうりょう》もたくさん出てきてしまったのです。それを抑えるために活躍したのが、陰陽師でした。

実は、伯家神道の秘儀の中核になる部分も陰陽道と融合していて、陰陽寮が解体されてからも、一部の陰陽師の家系において細々ながらも一子相伝の形で伝承されてきました。

つまり、陰陽師は、あの世に働きかけて、この世を治める秘儀の継承者でもあったのです。そして、平安時代と同じように、ふたたびあの世との壁が薄まって完全調和からの働きかけが強まってきているのが、令和の時代です。

特に、２０１９年４月末にはあの世とこの世の双方がもっとも近づいて、完全調和の影響を強く受ける状態が今後１００年ほど続きます。

とはいえ、あの世との壁が薄くなるということは、平安時代と同様にこの世の魑魅魍魎による悪事が横行するので、特に大嘗祭《だいじょうさい》が催される２０１９年11月末までは注意が必要です。

では、どのように過ごせばいいかというと、左脳であれこれ余計なことを考えず、直感や右脳に従って愛に生きることです。

つまり、**素直な感情や感覚を抑えずに、縄文人のごとく自然体で生きる。それだけで、魑魅魍魎からの影響を受けなくなる**のです。

なぜか嫌なことばかり続くような不可解なことがあったら、神様に全託して魑魅魍魎を避けるようにしましょう。

日本にある湿気の正体

縄文ゲートを開いて願いをかなえるためには、どれだけ宇宙の力を味方につけられるかに左右されますが、実はそれは日本という独特の場とも大きく関係しています。

なぜなら、もともと**日本はあの世との壁が薄く、そこに暮らす人は縄文ゲートが開きやすいという特徴を持つ国**だからです。

僕はこれまでアメリカやヨーロッパには何度も行っているのですが、昨年韓国に行ったときにあることを確信しました。

欧米だけでなくほぼどこの国に行っても、海外は日本より空気が乾いているのです。すぐ隣の韓国ですら、大陸特有の乾いたにおいがしました。

韓国に行ったときはとても湿気の多い時期でした。なおかつ台風が来ていたので、

湿度自体は高いはずでした。

飛行機が無事に到着して、僕はしばらく韓国の空港内にいたのですが、横殴りの雨がザーザーと降っているなか、何気なく空港の外に出てみたところ、それだけ雨が降っていても、やはり乾いたにおいがしたのです。

韓国から帰国して、関西空港に着いてすぐににおいを嗅いでみましたが、やはり日本ではそのようなにおいはまったくしません。


第1章で、霊体にとって水分がいかに大切なものであるかをお話ししましたが、それは数値で表される水分とも少し違うのかもしれません。

日本独特の湿気というのは、単なる水分ではなく、あの世、すなわち神様そのものの気配である、ということです。

僕たち日本人は、「神様の気配」を「湿気」として感じているのです。

だとすると、日本列島全体が神様に包まれている、といわれるのも納得できます。

海外に行ったことがない人でも、伊勢神宮をはじめとする神社で独特な湿気を感じることはできるかと思います。

霊性が高い場所には、かならず言葉ではいい表せないような湿気があるのです。

僕たちが海外に出かけて、乾いたにおいを感じるのは、普段僕たちを包んでくれている神の気配が感じられないから、その違いをにおいとして認識しているのではないでしょうか。

昔から、日本列島は龍体だといわれたり、結界が張られているといわれたりしてきたのも、まさに日本という空間が神そのものだから。それゆえに「神国日本」と呼ばれてきた。このとき、それがはっきりとわかったのです。

レムリアの人たちが日本を目指してやってきたのも、単に富士山の噴煙を目印にしただけではなくて、日本列島は神が宿る島、神の国だからこそ、この地を目指したのです。

「あそこに行けばかならず神の国がある」

霊体だった当時のレムリア人たちはそう確信していました。だからこそ、自分たちの理想社会を築くための、輝かしい新天地としてこの日本列島を選んだのです。

微生物が育む神の国

もう一点、日本が神の国であることの証しとして、実に多様な微生物（菌）が存在していることがあげられます。

微生物が土を肥やし、植物の成長を促し、豊かな作物を育てるだけでなく、人間を含む動物の肉体を健康に保ち、僕たちの意識とも相互作用しながら環境浄化をしてくれています。

たとえば、発酵調味料のもとになる麹《こうじ》菌は、日本固有の食文化を支えてきたとても大事な菌で、昔の人はさまざまなカビのなかから有用な麹菌を見つけ出し、味噌や醤油、酒などに活用してきました。

日本醸造学会では麹菌を、「われわれの先達が古来大切に育み、使ってきた貴重な財産」であるとして「国菌」に認定しているそうです。

発酵という大事な働きをしてくれている微生物自体が神そのものである、といっても過言ではないのです。

神道では御神酒、キリスト教ではワインを聖なる飲み物として大事に扱うのも、発酵という神がなせる技だからで、あの世から見たらすべてつながっているんですね。

しかも、キノコや海藻など日本人が好む食物には、免疫力をつかさどる腸内細菌の食糧である食物繊維が豊富に含まれていて、腸内微生物にとっても恵まれた環境が整っています。

このように、日本の国土や風土が神そのものを示しているからこそ、日本人は霊体としての働きを発揮しやすいともいえるわけです。

いうなれば、神の姿が目に見える国土や風土としてこの世に現われているわけですが、同じように神国としてあげられる国が古代においてありました。それは、豊かな森があったエジプトです。

ところが、エジプトでは森が破壊されて砂漠化が進み、その結果、神性が失われてしまいました。また、同様なことが太平洋上のハワイなどでも起きました。

神国の特徴は、湿潤で多様な微生物が育む豊かな森があることです。

縄文人はこのような風土から、思考を介さずに、直接神の存在を感じ取っていたに違いありません。

においを感じ取る嗅覚は、情動をつかさどる大脳辺縁系にダイレクトに作用し、本能的に快・不快を察知します。だからこそ、彼らは肉体を持っていても自分たちが神様の一部であることを自覚し、宇宙そのものとしてふるまっていたのだと思います。

自然の気配から神の存在、完全調和の世界を感じ取る感性こそ、日本人の優れた霊性です。かつて鳥羽上皇に仕えた西行も、伊勢神宮を訪れた際に次のような歌を詠んでいます。

「なにごとのおはしますかは知らねども　かたじけなさに涙こぼるる」

神様の気配を感じた瞬間に、涙があふれ、感謝の心が自然に湧き起こってくるのです。

それとは反対に、渇いたにおい、渇きは、神性や霊性の少なさを示しています。

それだけに、豊かな森に恵まれた神国日本をこれからも長く維持していかなくてはいけないし、それを促すかのように日本人の霊的な役割が期待されていて、現に今、多くの国々からたくさんの外国人が日本にやってきているのも、決して偶然ではないでしょう。

過去にも、日本の聖地を訪れた海外の著名な学者や宗教家などが、こぞって日本の神性や日本人の霊性の高さを讃えていますが、はたして今、どれだけの日本人がその意味を深く理解しているでしょうか。

なかには、政治的な意図を持って、対外的に「神国日本」の復活を叫ぶような人たちもいますが、それが戦前の軍部を連想させたり、右翼的な発想に捉えられたりして、残念ながら誤解を生んでしまっているのも事実です。

しかし、本当はそのようなこの世レベルの話ではなくて、あくまで、あの世から見た日本の風土の特質だということを理解しておくことが大切です。

そのうえで、はじめから「神様の覗き穴」がたくさん用意されている日本の風土に生かされている者として、それぞれが自分のなかの霊性（神道では、人間は神の分霊といいます）を発揮することが、縄文ゲートを開くことにつながるのだと思います。

霊性を高めてくれる太古から伝わる繊維

また、古代から麻《あさ》が自生していたのも、日本が縄文時代から神国であることの証しです。

あなたも麻素材（リネン）のシャツやワンピース、羽織物などを持っているのではないでしょうか？　涼しく丈夫で、速乾性がある麻素材は、縄文時代から使われていた、人類史上最古の繊維といわれています。

縄文人は麻をいろんな形で使っていました。実は、この麻を持ち込んだのも金星から来たレムリア人でした。

麻は、生き物の霊性を高める効果があるため、宇宙人が肉体をともなって他の惑星に移住するときにかならず持っていく植物だったのです。

また、麻は成長が早いので、土壌環境がよくないような場所でも種さえ持っていけ

ば食糧を比較的早急に確保できます。衣類や薬、建材や燃料としても使えるのはいうまでもありません。

さらに、麻の大きな特徴として、放射能の汚染を除去する効果が認められています。実際、広島に原爆が落とされたときに、麻の衣類を身につけていた人たちが放射線による被曝被害を免れていたことが資料として残っています。麻の服を着ていた被爆者たちの皮膚は、他の被爆者たちのようにドロドロに溶け落ちることはなかったのです。

チェルノブイリの原発事故でも、汚染された土壌から放射能を取り除くためにファイトレメディエーションという技術が利用されていますが、これも大麻を使って放射性物質を吸収して分解する技術です。

このことから、麻の繊維は放射線や光を反射する作用があることがわかりますが、ある意味、宇宙服のようなもので、レムリア人はそれを知っていたからこそ地球に持ち込んだのです。

特に、縄文時代は太陽活動が活発だったので、麻の服を着ることで有害な放射線から身を守っていて、また内部被曝を中和する宇宙食としても麻を食していました。

僕の地元である岡山県は、戦後アメリカに占領される前まで、麻を使った繊維業で繁栄していました。麻の布、服やロープなどの生産加工が行われていて、僕の実家の庭でも祖母が大麻を栽培していたのです。

麻は２万５０００種類もの使われ方があるといわれ、天皇陛下即位の服、神社でお祓いに使う神具やしめ縄、たいまつなど、古来神具や日用品など、多種多様な用途があります。

それが、戦後の占領政策によって麻の栽培が禁止され、麻布から木綿に替わっていったわけですが、木綿は麻と違って水分に弱いため、衣類やロープがつくれなくなりました。そのかわりに、岡山の繊維業者たちは木綿でジーンズをつくるようになったのです。「BOBSON（ボブソン）」「EDWIN（エドウィン）」が有名です。

このように、岡山県人の反骨精神は、吉備津彦神社などに代表されるように、蘆屋道満や安倍晴明などの陰陽師が根づいた土地柄と無縁ではないでしょう。

縄文ゲートを開くために、ぜひ麻製の服を着用することをおすすめします。

麻繊維のシャツやスカート、羽織物で身体を保護するだけで、霊性がぐんと高まります。縄文の叡智を肌で感じましょう。

あの世とこの世は自由に行き来できる

縄文は、決して古い時代の遠い過去の話ではありません。

今、ここにある！　今、ここにある縄文！

その縄文ゲートの向こう側に、いかにして僕たちが入っていくか、今、まさにそれが問われているわけです。

あの世の影響が強くなればなるほど、この世の素領域（場の雰囲気や空気）も変化して、現象が劇的に変わりやすくなり、なかでも従来の科学ではまったく説明がつかない超常的な現象が起こったりするようになります。

今までそれらは「奇跡」と呼ばれ、偶発的なものだと認識されていたことを、これからはあなた自身が自分で起こしていくことができるようになります。

肉体を持ったまま、縄文ゲートを通じてあの世の側に入っていくのです。あの世側にある霊体としての自分を強めることで、変われます。

肉体も霊体も同時存在しているので、死んでからしか天国に行けないわけではありません。

現に、体外離脱や臨死体験であの世を垣間見てきた経験がある人も増えていますが、本来は、誰もがあるときにはこの世（肉体）の側にいたり、あるときはあの世（霊体）の側にいたりと入れ替わっているのです。

神道ではそれを「中今《なかいま》」と表現します。

中今とは、縄文人がそうしていたように、**過去や未来にとらわれることなく、「今この瞬間を生きる」ということ**です。

あなたも仕事や趣味、スポーツや勉強に集中し、いつの間にか時間が過ぎ去っていた、というくらい何かに没頭した経験があるかと思います。

集中力が最大限に高まっているとき。それが中今です。僕たちは、中今のときに宇宙と完全につながって、自分でも驚くほどの能力を発揮したり、気づかないうちに問題が解決されたりするのです。

人によってはそれをゾーンと表現したり、ひらめき、無意識な状態と表現したりしますが、すべて同じです。縄文人は常に中今の状態でした。

中今を生きる術を知ることで、縄文ゲートを開くことができるのです。

「いつでもそんな状態でいるなんてむずかしい」と感じるかもしれませんが、大丈夫です。そもそも日本自体が神の国であり、しかも完全調和からの働きかけが強くなっているわけですから、霊体（魂）の働きをフルに発揮するには、今がベストタイミングであるのは間違いありません。

自我意識や執着という魂の鎖を外して、この世でも宇宙でも自由に羽ばたけるチャンスが到来している、ということです。

特殊能力もなく、修行もしていない普通の人が、人生観が大きく転換するような霊的な体験をしたり、頻繁にシンクロニシティや奇跡的な現象が起きたり、ＵＦＯの目撃や引き寄せがブームになったりしているのも、かつてないほどあの世からの働きかけが強くなっていることの何よりの証拠です。

ですから、魂の願いをかなえたければ、霊体としての自覚をもって、自ら縄文ゲートを開け放つことが大事です。

縄文ゲートの向こうから来た神様

実は、つい最近、僕が伯家神道の祝之神事をしていたとき、縄文ゲートが開け放たれた状態を、身をもって体験することができました。

いつものように、結界を張った道場で正座をし、神様が降りてこられる場を整えたうえで、秘儀参入者の女性の前で白川伯王家の祝詞を奏上していたときのことです。

突然、その女性が神がかり状態になったので、いつものように審神者《さにわ》をするつもりでした。

審神者というのは、乗り移った存在がどのような神様なのか、それとも低級な霊なのかを見定めて、神様であれば神託を授かる役割のことです。

ところが、いつもはこちらから質問をして、その回答を受けてからどのような神様

かがわかるのに、そのときは質問をするまでもなく、瞬時に、天之御中主神《あめのみなかぬしのかみ》であることがわかりました。

それでも、間違いのないように、それぞれの神様ごとに定められている特別な祝詞を奏上しました。すると、祝詞を奏上した途端、その女性に降りた存在が「ハッ、ハッ、ハッ、ハァー」という高笑いをしたのです。

それと同時に、僕のほうに向かって、気合いとともに「四方切り」という合気道の技の動作をしたので、僕はびっくりしました。

合気道では、天之御中主神、高皇産霊大神《たかみむすびのかみ》、神皇産霊大神《かみむすびのかみ》の造化三神を宇宙創造の根源である生成力と捉えて「サムハラ龍王」として祀っています。

サムハラの護符を身につけていたおかげで日清・日露戦争の最中、奇跡的に何度も危機を逃れた兵士も多いといわれています。

そんな合気道の守護神にあたる天之御中主神が、僕の目の前に現われたのです。

その女性は合気道とはまったく無縁で、四方切りなど知り得ません。

僕が「天之御中主神様に違いない」と思った瞬間、今度は、体の向きを斜めにサッと変え、その場にいた巫女に向かって、何ともいえない柔和な笑顔を投げかけられました。

その凜とした仕草に巫女も驚いた様子でしたが、それ以上にうろたえていたのがその女性でした。

通常は、祝詞を奏上して祝之神事が終わったら参入者はすぐに立ち上がって席を立つのですが、その女性は「いったい何が起きたのでしょうか？」と目を白黒させて、自分の身に起きたことをまったく理解できない様子でした。

突然、天之御中主神の霊体が自分の身に降臨したことで、彼女自身の霊体とのあまりのギャップで、頭が混乱したのでしょう。

実は、天之御中主神は、レムリア文明の統治者でもありました。それゆえ、日本神話の造化三神のなかでも、もっとも中心となる神様として位置づけられているのです。

僕に祝之神事を授けてくださった京都の巫女様は、この神事を60年間務められていましたが、その巫女様のときでさえ、天之御中主神が降りられることはなかったことを思うと、まさにあの世からの強力な後押しとしか考えられません。

愛魂、そして神様にすべてを託す生き方

合気道のサムハラ龍王の話が出たところで、僕が人生の中核に据えている「愛魂」についてお話ししておきたいと思います。

若いころ、植芝盛平先生の合気道に憧れていた僕は、その根源は何だろうと追い求めた結果、合気道の根本原理は「神降ろし」であることに気づきました。

そのきっかけは、地元の岡山にあるサムハラ神社の奥の院で祝詞を上げていたときのことです。突然風が吹き、雨が降りはじめたかと思うと雷がとどろいて、同行してくれていた教え子のなかにサムハラ龍王が入ってきたのです。

さらにその翌日、見知らぬ人が宮崎からやってきて、「マリア様の伝言を預かってきました」といい、いきなり「マリア様の本当の息子であるヤコブの魂をヤスエクニオの身体に入れるゆえ、承知せよ」と告げられました。

そのとき僕は、「何をもってそれとわかるのですか？」と尋ねたのですが、「ヤコブの魂が入ったなら、お前は若くなる一方だ。寿命は92歳まで」とのことでした。

それ以来、会う人会う人が、「どうしたの？　若くなったみたい！」と驚くことから、これもあの世からの贈り物だと感謝しています。


教え子にサムハラ龍王が憑いて、僕にはマリア様の息子ヤコブの魂が入り、そしてこのたびの天之御中主神様のご降臨……。

なぜ、僕の身のまわりにこのようなことが起きるのか？

あの世の神様からの接近は、何を示唆しているのか？

ただひとつだけはっきりといえることは、僕はこれまでずっと「我《が》」を消そうとしてきたということです。

つまり、**我が消えると、神が降りてくる。**

我（自我意識）というのは、この世の物事や肉体に対する執着から発生するものなので、その執着を捨てて、霊体の側に近づけば近づくほど我が消えていって、神が姿を現わすのです。

これが、縄文ゲートを開くことによって得られる「魂が喜ぶ生き方」につながるのではないかと思います。

我が消えると、縄文人のように相手や宇宙と一体化して神意だけになります。それは「愛」や「情」という言葉にも置き換えられますが、それらを含めて僕は「愛魂」と呼んでいます。合気道の「合気」も本来は「愛魂」なのです。

愛や情が豊かになればなるほど、素領域が変化して、エネルギーである素粒子の動きも変わって、霊体の働きのほうがより強くなるからです。

愛魂による万物・宇宙との一体化。

愛魂によって我が引っ込めば、あの世（完全調和の世界）に対して自然に感謝が生まれ、自分の内側から愛があふれ出して、神や宇宙と一体化できるのです。

以前、僕は思わず人の悪口を口走ってしまって、不幸な出来事に見舞われたことがありました。

そのときそうなったのはまさに自業自得で、完全調和に感謝しなかったからだと悟りました。

つまり、神意にかなう心、我を出さないことが、僕たちの生みの親である完全調和の世界と響き合う秘訣で、これをまとめて、僕は「神様に全託する生き方」と呼んでいます。

第3章

縄文ゲートを開く さまざまな方法

「人生中今」で縄文ゲートが開く

縄文ゲートを開け放つには、唯物主義や自我意識から離れることが大事です。

第2章で「自我意識から離れ、縄文人のように、中今を生きる術を身につけましょう」とお伝えしました。

ここで、中今についてもう少しくわしくお話ししたいと思います。

中今というのは、日本神道の秘奥に位置する言葉で、東京大学の仏教学者だった中村元《はじめ》先生は、それを仏教用語の「刹那《せつな》」ではなく、悟りの境地である「涅槃《ねはん》」に該当する状態だとお考えのようでした。

また、中今という言葉や概念をとてもわかりやすく伝えられているのが、矢作直樹

先生です。

矢作先生は、**「中今のときだけ人は高次元につながることができる。むしろそれ以外のときはつながることはできない」**とおっしゃっていますが、それが真実なのです。

僕が素領域理論を発展させて構築した形而上学的な理論を使い、矢作先生は「宇宙の背後にある高次元の完全調和につながることが、神道の中今の概念だ」と解説してくださったのです。

それをうかがったときに、本当に背筋に電気が走ったかのような感銘を受けた僕は、一瞬ですべてを悟ってしまいました。

そう、中今こそは、高校３年生のときにテレビのルポルタージュ番組でたまたま見た合気道の開祖・植芝盛平翁の秘術「合気」を操るための必要十分条件だということを！

高校３年生のときからちょうど半世紀の年月をかけて、合気のからくりと神髄を求め続けてきた僕の長い放浪の旅に、やっと終止符を打つことができたのです。

神道の中核をなす中今は、武術の極意であるだけではなく、芸術や科学の秘奥にも位置するもので、芸術家や科学者は知ってか知らずか、中今の状態になったときに芸術的創作や科学的発見を成し遂げることができるのです。

もちろん、社会生活のなかにおいてさえ、たとえば、中今状態となって営業活動を行うことで相手先の会社にも自分の会社にも、そして社会にとってもプラスになるいわゆる「三方よし」の取引を実現することも可能なのです。

縄文人は中今を生きていたため、自分がすべきことを一人ひとりがわかっていました。それゆえに、上下関係があるようなヒエラルキーも存在しなかったのです。

縄文人のように、自分のなすべきことをちゃんと理解し、中今で高次元とつながりながら、本当のクリエイティブな力を発揮していく人が、自分らしく生きていけるようになるということなのでしょう。

次頁の「人生中今」の書は、僕が親しくさせていただいている、光輝書法や御神拓飛翔書で有名な書家であり、合気道師範でもある山本光輝先生にお願いして書いていただいたものです。

この「人生中今」の四文字ですが、何を隠そう、僕が世界ではじめて考案したもので、

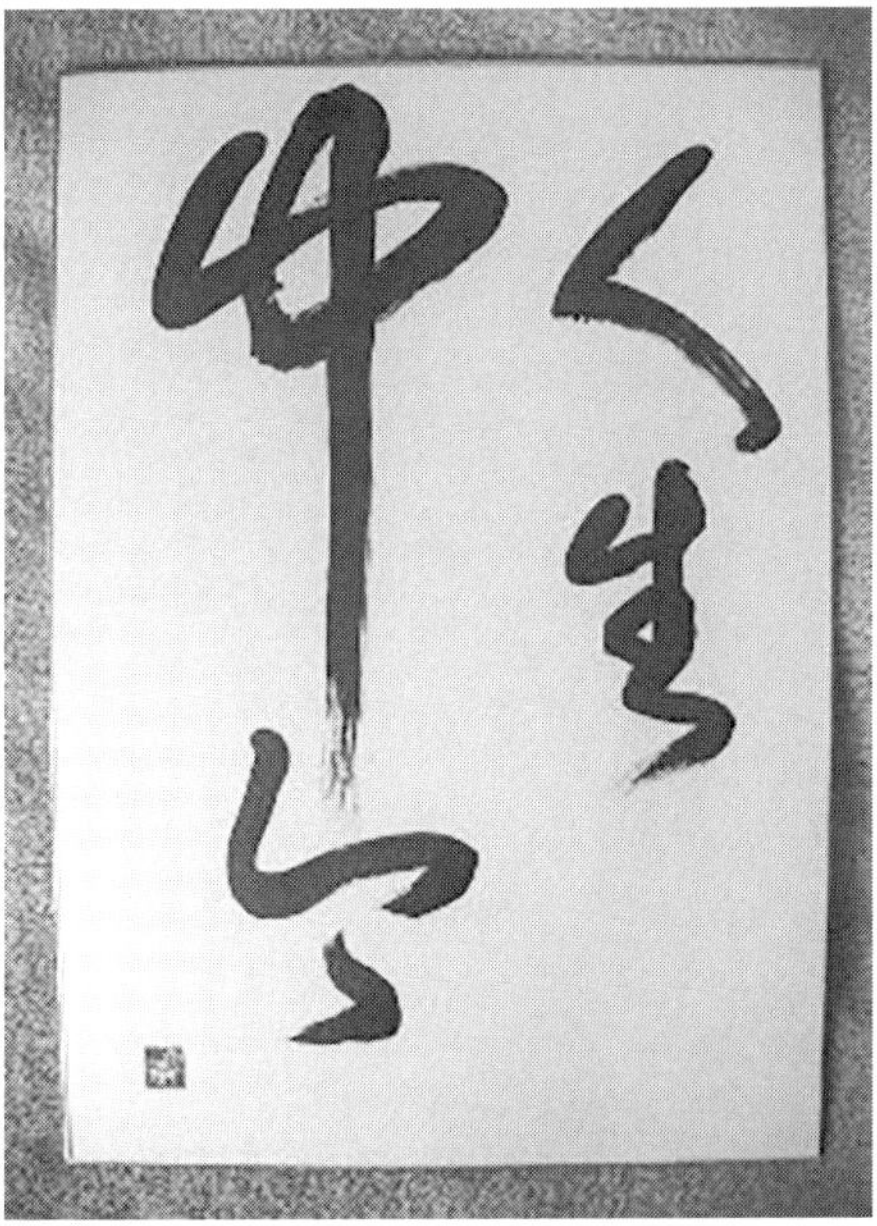

「人生は常に中今になくてはならない」という意味を込めてあります。

そもそも、生まれてから死ぬまでの人生のほとんどを中今とすることができれば、その人や周囲の生活が安寧なものになり、世のなかに平和が訪れることは間違いないからです。

そんな真実を語っているのが「人生中今」の四文字で、だからこそ、僕はそれを真っ先に山本光輝先生に書いていただきたかったのです。

山本先生はこの書（色紙）をわざわざ僕の部屋に持ってきてくださっただけでなく、何と僕にとっての大きなサプライズ、品のよいTシャツの背中に草書の金文字で「人生中今」と書いたものをプレゼントしてくださいました。

「人生中今」こそ、縄文ゲートを開き、涅槃に至る道です。宇宙のサポートによって、ときに因果律を超えた奇跡が起きるのも、まさに完全調和と響き合う「人生中今」のなせる業《わざ》なのです。

中今を生きる6つのコツ

縄文人のように中今を生きるために、ここでは、僕がおすすめしている、誰でも簡単にできる方法をあげておきます。

①無我夢中になれることに取り組む

無邪気な幼い子どものように、好きなことを存分に行ってみてください。

ただし、受動的な娯楽では中今にはなれません。受動的な娯楽とは、テレビやゲーム、ネットサーフィンなどを指します。

中今になるには、楽器を弾く、読書をする、運動をするなど、自我意識から離れるために、能動的なことがらに取り組むことをおすすめします。

②できるだけスマートフォンやパソコンの使用頻度を減らす

中今を生きるには、余計なことに頭を使わないことがとても大切です。一日のなかで少しでも電源を切って、今その瞬間を生きることに集中してみてください。

③好きな植物や動物とコミュニケーションをはかる

感性（霊性）的な交流をはかるのが有効なのは、彼らが中今を生きているからです。彼らとときを過ごし、霊性をシンクロさせると、自由に宇宙とつながれるようになります。

④何となくという感覚、ふっと湧き起こる感覚を大事にする

霊体の意思を尊重してください。縄文の血を受け継いでいるので、日本人は直感力が優れています。宇宙からの信号を信じ、それに従って行動してみてください。そうすれば、すべてうまくいくようになります。

⑤イメージ、アート、音楽、左手を使うなど、右脳を活性化させる

感性・霊性を磨くために、右脳を活性化させましょう。宇宙からの信号をキャッチするのは右脳です。普段から活性化させておかないと、信号が送られていても気がつきません。神様の声を聞き逃さないために、左脳ばかり使うのではなく、右脳も発達させていきましょう。

⑥完全調和の目線に立って、この世を眺める

素領域と接しているあの世の視点に立つということで、イメージとしては、二人羽織の後ろの人のように、前にいる肉体の自分やこの世の世界の出来事を少し後ろから引いた視点で眺めてみましょう。

中今とは、神様とつながり、同じ目線に立つことを意味しています。人間関係にトラブルがあっても、神様目線で相手を見れば、相手のなかにも神様がいるのが見えてくる。だから、僕はよく「人を見れば神様と思え」とお伝えしています。

ひとつの音に浸りきってみる

完全調和の世界にはないものはなく、かなえられないものはないので、縄文ゲートが完全に開かれているときの願いは、どんな願いでも具現化します。

多くの人は、神仏に願いをかなえてもらうためには、パワースポットと呼ばれる神社やお寺に行かなければならないと思っているかもしれません。

でも、はっきりいって、それはやめたほうがよいです。

僕に祝之神事を伝授してくださった巫女様も、「今の神社には行かないほうがよい！」と強調していましたが、残念ながら現在ある神社仏閣の大半は、自分本位の物欲や願望を吐き出す場になっていて、行くとかえって自我の念がついてしまうそうなのです。

そんな欲だらけのところに行ったら、神様とつながるどころか、魑魅魍魎にからめ

とられるのが関の山です。

巫女様もいわれていましたが、**神様はどこにでもいらっしゃるので、素直な心、感謝の心を持って拍手をしたり、中今の心で祈りを捧げたりすることで、容易につながれる**のです。

すでにあの世との壁が薄くなっているので、中今の意識、無我になりさえすれば、いつでもどこでも神様とつながって、宇宙に願いが届けられます。

簡単に中今になれる方法としては、たとえば、静かな森のなかに行くだけでもいいでしょう。

森のなかは一見シーンとしていますが、実は高周波にあふれていて、無意識のうちにその周波数に意識が向けられ、そうすると自然に中今の意識になれます。

あるいは、海に出かけていって、海岸でくり返される波の音にじっと耳をすませているだけでも同じように頭が空っぽになって、無我の状態になれます。

とはいえ、人工音が多い都会のような雑踏だと中今になれないかというと、決してそうではありません。

そこで参考までに、僕が中今になれたときの体験をお話ししましょう。

僕は15年ほど前に大腸がんになって死にかけたのですが、そうなる半年前に、2年間かけて数学と物理学の専門書を15冊も書き上げました。

その間、睡眠時間は1日4時間しか取れず、心身ともに大変な負担がかかっていたので、書き上げた途端に倒れてしまいました。

それから左耳が聞こえなくなってしまい、それ以来ずっと左耳は耳鳴りがするようになりました。その耳鳴りが気になってずっと苦痛で嫌だったのですが、なぜかそのころから愛魂ができるようになり、合気道の投げ技が本当に効くようになったのです。

その後、長い間なぜだろうと思っていましたが、あるときはっと気づいたのです。

たとえば、人と話をしている最中には耳鳴りは聞こえません。でもひとりきりになってじーっとしていると、耳鳴りが聞こえてやがてその音だけになります。だから、以前は部屋に誰もいないときはテレビを見たりして、耳鳴りが気にならないようにしていました。

ところがあるとき、**耳鳴りを避けるのではなくて、耳鳴りの音だけに集中してその音に浸りきってみよう**と思いました。

そうすると、合気、つまり愛魂をしているときと同じ無我の状態になれたのです。

もちろん、愛魂ができるようになったのは、キリストの活人術やマリア様の後押しもあると思いますが、この左耳の耳鳴りがあったからこそ中今になれて愛魂がマスターできたのだと気づいたのです。

自分に合った音（周波数）を見つける

僕は耳鳴りという、ある一定の振動（周波数）に意識が集中することによって、中今の状態になれました。

そのおかげか、今僕が住んでいる白金の部屋のすぐ前を高速道路がとおっていますが、一度もうるさいと思ったことはありません。

これは、胎児が母親の胎内の「ザー、ザー」という音を聞いて落ち着くのとよく似ています。おそらく、妊娠後期の胎児はその音で中今の状態になっていて、そこに霊魂が宿り、晴れてこの世に生まれてくるのでしょう。

山や森にはなかなか行けない、という人でも、浸ることができれば都会の雑踏の音でも当然中今になれます。

自然音、人工音を問わず、さまざまな音の周波数のなかから自分の集中しやすい音（振動）を見つければいいのです。

都会に生まれ育った人は、逆に田舎の静かな環境より、雑踏が聞こえる都会のほうが中今になれる可能性が高いかもしれません。人それぞれに集中しやすい音は違うのです。

大事なのは、不快な音だからといって抵抗し続けるのではなくて、いったん受け入れてその音に集中してみる、とことん浸ってみる。そうするといつの間にかその音と一体化でき、中今状態になれると思います。

このように、音の周波数を上手に使うことで縄文ゲートを開くことができます。

そもそも、自然界の電磁波や音波によって僕たちの身体は適度に調律されていて、それにより心身の健康を維持できていることは科学的に証明されています。

逆に、それを完全にカットされてしまうと、心身ともに変調をきたしてしまうこともあるのです。

たとえば、宇宙飛行士は地球を離れて宇宙空間に行くため、精神的な不調をきたさないように特定の周波数(700ヘルツ)の音が出る機材を船内に持ち込むそうです。

これは、地球で暮らしているときは、地球特有の光や音という周波数帯域によって人間は生かされているからで、宇宙でも同じ環境にしておく必要があるそうです。

その他に、光と電磁波の中間領域であるテラヘルツ周波数の電磁波(テラヘルツ波)を浴びることによって、治癒力や生命力を高められることも科学的にわかっています。

日本列島は内陸には山や森があり、外は海に囲まれていることから、実に多様で豊かな自然界の周波数(光・電磁波・音波)に満ちており、縄文人はそれらの恩恵を熟知していたからこそ、周波数を上手に使いこなしていたのです。

縄文人と同じ霊性を持つあなたなら、時代が変わっても中今を生きることができるでしょう。

光の霊性を取り込む

生活のなかに光の霊性を取り込む方法として、部屋の窓に「ステンドグラス」や「サンキャッチャー」を使用することをおすすめします。

以前、日本にいながらコンクラーヴェ（ローマ教皇を選出する選挙）の候補になられた枢機卿で、上智大学にいらしたピタウ神父様にご案内いただき、バチカンのサン・ピエトロ大聖堂を訪ねたことがありました。

聖堂のなかに入ると、浅草の浅草寺のようにモウモウと煙が立ちのぼっているなかで、ステンドグラス越しに外から太陽の光が差し込んでいました。

ステンドグラスには色がついているので、窓から差し込む光は色とりどりに聖堂の

サン・ピエトロ大聖堂の
ステンドグラス（提供PIXTA）

サンキャッチャー
（提供photoAC）

なかに降り注ぎます。そしてその光が煙に反射して、七色の煙が部屋中に漂っていて、そのなかで教会特有のパイプオルガンの音が鳴り響くのです。

このとき僕は、「やっぱり、カトリックの人たちも光と音の原理を知っていたんだな」と思いました。

ステンドグラスは、太陽光を聖堂のなかに取り入れるための道具であり、荘厳な雰囲気のなかで、虹色の光とパイプオルガンの音色をとおしてその場にいる人たちに宇宙の愛と調和のエネルギーを吹き込むためのもの、つまり、教会のなかにおける意識の変容装置だったのです。

この光と音による創造原理は縄文人の感性から生まれたもので、同じ技法がそれぞれの時代にも用いられてきたんだと思います。

自然界の電磁波、光や音は完全調和の世界を介して素領域を移動し、素粒子を変化させます。

生活のなかに、光や音の霊性をうまく取り込むことで、縄文人が行っていた中今を生きるための叡智を受け継ぐことができるでしょう。

ロウソクの炎で「我」が消えていく

縄文人は光や音を使ってあの世の力を引き出していたわけですが、次にご紹介したいのは、ロウソクの火などの炎を眺めることです。

火のゆらぎ、炎も、中今の意識へと導いてくれます。自然界に見られる「f分の1ゆらぎ」の効果についてはよく知られていますが、火のゆらぎの効果はそれだけではありません。

焚き火やロウソクの炎などの自然の火は、中今状態から、さらに感情を刺激し、感覚を開いてあの世とのつながりを強めてくれる働きがあるのです。

古今東西、祭祀や浄化の儀礼などに火や炎が用いられるのも、内なる霊性、つまり縄文ゲートを開くための装置だったからです。

それは発展していき、神道の「鏡」がその役割を担うようになりました。

実際、真っ暗ななかでロウソクの火や焚き火をじっと見つめているだけで、気づくとあっという間に1時間くらい過ぎていて、それだけ縄文ゲートが開きやすくなっていたということです。

健康的で安上がり、今はアロマキャンドルなどもあるので、その気になればいつでもすぐにできる中今法です。

もちろん、ロウソクの場合、まわりが明るいとその効果がありませんが、昼間や明るい場所では、線香の煙を見るという方法もあります。

昔の武道家や剣術家たちは、夜はロウソクの炎、昼間は線香の炎と煙を見ながら修行をしていました。

ただ線香の炎と煙をボーッと眺めているだけで中今になれ、自我の世界を超えて完全調和の世界に入っていけたからですが、特に果たし合いに行く前はこの方法を用いました。

いわゆる精神統一ですが、**縄文ゲートを開くことで、意識の自由度を全方位の状態に開く**ための手法です。

相手がああきたらこうしよう、などと左脳で戦略・戦術を練るのではなく、相手の動きに自然に呼応して、自由自在に身体感覚に委ねることができるようになるので、そのうちに相手が降参してしまう。つまり、無我ゆえに宇宙が味方をしてくれるのです。

まさに、我を消せば神が現われる！　です。

神様とつながるから愛が生まれる

自然界の電磁波、光や音以外に、僕たちの愛や情にも完全調和の世界を介して素領域の分布を変化させるパワーがあります。

いい換えれば、**完全調和の「神様つながり」のなかで、はじめてヒトとヒトが「人間」になるわけで、だからこそ、そこに愛や情が生まれるのです。**

神様つながりとは、「あなたはわたし、わたしはあなた」という高次元の意識です。

そのような一体感を抱けるようになるには、人とのつながりを大切にすることが第一で、それを避けていたら反対の方向に行ってしまうので、気をつけましょう。

今は、職場や取引業者など、仕事上のつき合いとして「今日飲みに行こうよ」と誘っただけでパワハラ扱いされることもあるそうですが、これでは人との良好な関係を育むチャンスも失われてしまいます。

人とのつながり、神様つながりを断ってしまうと、ただの物になってしまいます。この霊性を失って物質化する、ＡＩ化の方向に突き進んでしまっているのが現代人です。

つまり、**神様つながりを遮断する「分離感」や「分離意識」こそが、自分のなかの霊性を閉じ、縄文ゲートを塞いでしまっている大きな壁なのです。**

一方、それとは反対に、縄文ゲートを開いて神様つながりを取り戻すのが中今ともいえるわけで、その開かれた空間に宇宙からのサポートが自然に入ってくるのです。

僕が主宰している「愛魂」（正確には冠光寺眞法といいます）の生徒さんのあるひとりの女性が、入門したきっかけについてこう話してくれたことがありました。

彼女は霊性の高い方で、「冠光寺眞法はすごい」という噂を聞いて、最初は「本当かな？」と思いながら見学に来てみたそうです。

しばらくすると、僕の身体のまわりに白いモヤのようなものが見えたそうです。

どうやら「白いモヤが見える人は神霊界とつながっている」という彼女なりの基準があったようで、「この先生は確かにすごい！　そう感じて入門することにしたんです」とのことでした。

ところが、稽古をした夜になぜか彼女は眠れなくなってしまったそうで、それは疲れや不調ではなくて、「完全に覚醒しちゃったようです」とおっしゃっていました。

「眠れないのでどうしたらいいでしょうか？」と聞かれたので、「眠くないのなら、無理に寝ようとしなくてもいいんじゃないですか」と答えたら、「そうですね」と気にされなくなったようですが、それだけ愛魂の場の効果でエネルギーが活性化したのかもしれません。

稽古の初歩では、生徒さんに「相手を愛することです」とお伝えしますが、愛がどういうことかわからない、という方もいます。そういうときには、「神様に共感することだと思ってください」と伝えるようにしています。

恋人同士が同じ映画を観たり、2人でドライブを楽しんだりするように、一緒に同じ場面や景色を見ることで自然に共感が生まれます。

それと同じように、神様と同じ場面、景色を見て共感を抱くことができれば、それが愛につながるからです。

ところが、今の若い人たちは、たとえ恋人同士であっても一緒に同じ場面や景色を見ずに、お互いに自分の手元にあるスマートフォンを見ながらしゃべっています。これでは共感が生まれないし、愛も育たないでしょう。縄文ゲートが完全に閉じてしまっている状態です。

タブレット端末が出はじめたころ、スティーブ・ジョブズ氏は、「うちの子どもたちはまだ使ったことがない。家では子どもたちがテクノロジーを使う時間を制限している」といっていたそうですが、ジョブズ氏やマーク・ザッカーバーグ氏に代表されるIT起業家たちは、その弊害もちゃんと知っていたということでしょう。

縄文ゲートを開きたければ、少なくとも大切な人といるときには、スマートフォンに夢中になることなく、相手との時間を生きてください。

ＵＦＯに乗った先生との出会い

ふたたび縄文のような霊性の高い時代に入り、現代に生きる僕たちの意識もだいぶ変わってきました。

僕自身、神様に全託する生き方をするようになってから、神様が与えているとしか思えないようなご縁を、数え切れないほど経験しています。

その高校の先生とお会いしたのは、２０１８年12月20日のことでした。

ある日のこと、その先生から講演依頼の連絡を受けました。ところがその内容が、『いじめ防止対策』と、まるで専門外のテーマだったのです。

僕は先方に、「でも、僕はいじめの専門家でもないし……」と伝えたのですが、「いや、保江先生じゃないとダメなんです！」と強くおっしゃるので引き受けました。

その先生はとても喜んでくれて、「保江先生とゆっくりお話しがしたいので、よろしければぜひ前泊してほしい」とおっしゃってくれました。

ですが、こちらは専門外の講演をしに行く、という何となくの後ろめたさもあったので、日帰りでお願いしたのです。

当日、全校生徒の前で90分間しゃべって、講演会は滞りなく終了しました。

帰りの時間まで、校長先生と、僕を招いてくれた先生と3人で、しばし雑談をしていました。

校長先生は僕が大学は天文学科を専攻していたことを知っておられて、おもむろに「実は私、よくUFOを見るんですよ」とおっしゃったのです。こちらに合わせた話題を振ってくれたのかもしれませんが、校長先生のその話に僕よりも驚愕していたのは、僕へ講演依頼をしてくれたその先生だったのです。

そして、何と彼は、**「自分はUFOに乗ったことがある」**と告白してくれました。その告白を聞き、今度は、校長先生と僕が驚く番です。

彼の話によると、あるとき宇宙人が彼の前に現われ、「地球人の教育はなっていない、特に日本の教育はひどい。それを何とかするために、教育者であるあなたに我々の星に来てもらいたいのだ」と伝えられたそうです。

「地球時間で24時間与えるので我々の教育を見ていってくれ」といわれて、それを機に、彼は数回にわたり、宇宙人のＵＦＯで宇宙へ向かうことになったそうです。

１度目は肉体をともなったままＵＦＯに乗った先生。

宇宙人から最初に見せられたのは、遊園地にあるタコ足の遊具のような形をしたＵＦＯでした。期待外れに思っていると、「もし本当の宇宙船の姿を見たら、あなたは恐怖で乗れなくなってしまうだろう」と宇宙人にいわれ、納得したそうです。

入船すると、船内に光が満ちてきて、それは虹色になりとても美しかったと話してくれました。

光には質感があり、最初はサラサラしたものが、次第にネバネバとした感じに変わったそうです。その虹色の光が彼の身体にまとわりついたと思ったら、ふいに音を発しはじめ、「エーッ？」と思っているうちに、もう違う星に到着していました。

到着後、宇宙人に「さっきの光は何だったのか？」と尋ねたら、「この世界のものはすべて光と音でつくられている。我々はこの宇宙のあらゆる形態をつくることができる」と説明を受けたそうです。

このことからわかるのは、彼は物体としての宇宙船に乗って遠距離を移動したのではなく、彼がいた高知のその場所に、宇宙人が自分たちの星をつくり出したということでしょう。

宇宙人たちの星で見た教育は、子ども一人ひとりが持って生まれた天賦の才のみを伸ばし、それによって他の才能がついてくるというものです。

今の日本の教育はそれとは正反対で、すべての能力を無理やりにでも一律に引き上げようとして、個々に備わっている才能を引き出していない、というわけです。

その星から帰るとき、彼はどれだけその星の教育を理解したかテストを受けさせられました。

その際、彼は宇宙人に向かって「あなたたちの世界には、インターネットや図書館はないのですか?」と聞いたところ、「あなたは私たちの教育現場をこれだけ見てきたのにまだわからないんですか」と怒られたそうです。

宇宙人の教育方針の根底にあるのは、必要なものはすべて内側から出てくる。外に求めるものではない、というものだったのです。

しかし、そこで彼は、「それは単なる思いつきでしょ？」と切り返しました。

すると、「そう、それでいいんです！」と宇宙人。つまり、その思いつきこそ宇宙の真理。そこでやっと彼も、「そうだったんだ！」と理解して帰ってきたのです。

縄文ゲートが開くときのサイン

この先生のエピソードからもわかるように、あれこれ考えたり外の知識や情報に頼ったりするのではなくて、自分の内側からふっと湧いてくるもの、そこに宇宙の真理、叡智があるのです。まさに、その状態こそ縄文ゲートが開いている証しです。

ふっと散歩に出たくなる、ふっと旅行に行きたくなる、ふっと誰かに電話をしたく

なる、ふっと手にした本を読みたくなる、ふっと映画を観たくなる……etc.

このように、**ふっとした感覚が縄文ゲートの向こう側からの働きかけなので、その感覚に素直に従えばスーッと縄文ゲートが開かれていく**のです。

ふっとした感覚は、あの世からの「ココ、ココ」「ソレ、ソレ」という呼びかけなので、頭でいろいろ考えたり常識的な価値判断にとらわれたりしないで、その呼びかけに従うことが大事です。

ふっとした感覚、湧き起こる思い、それに素直に従えば、余計な思考や判断が入る隙がありません。

直感、感性に従っていれば、人と比べたり競争したりすることもないので、この世のとらわれやストレスから解放されて、神様からの愛も感じられるようになるはずです。

僕の子どものころをふり返っても、いつもそんな状態で、学校でも先生の話はほとんど聞いていませんでした。

前を見ていないと怒られるので、一応顔は教壇のほうへ向けていましたが、先生が話す内容には耳を傾けず、自分のなかに湧き起こるふっとした思いつきを楽しんでいたのです。

するとそれを察知した先生が、授業中いきなり僕に、「保江、この答えは？」と聞いてくることがたびたびありました。ですが、僕は即座に全部正しい答えを返せるのです。先生は僕の祖母に向かって、「授業を全然聞いていないのに、答えがちゃんとわかっているから不思議だ」とぼやいていたそうです。

たぶん、それは僕が根っからの右脳型人間だったからでしょう。右脳が活性化していれば宇宙と一体化しやすいので、もっとも適切な情報が降ってくるのです。

ですから、何かをやってみたいと思ったら余計なことは考えず、とりあえずやってみる！　直感に委ねてみる！

まさに、何でも「思い立ったが吉日」です。日本語はよくできたものですが、この言葉はまさに縄文ゲートを開く方法を示しているといえるでしょう。

「思い立ったが縄文」「思い立ったが天国」「思い立ったが完全調和！」

そういってもいいかもしれません（笑）

そんなふうに、ふっと思い立って縄文ゲートを開いてみると、僕が運転中に「ヤスエ方程式」をひらめいたように、ひらめきや気づきが頻繁に起きるようになって、あの世ともツーカーの関係になるでしょう。

湧き上がる感情を素直に表す

縄文ゲートを開くうえで重要なのは、「自分の感情を抑えない」ということです。感覚・感性を開いておけば、頭（左脳）の働きが自然に抑えられます。

これまでは感情を抑えることが「大人」で、特に近代の日本では感情を出さないのがよしとされてきましたが、実は、自然に湧き起こる感情は抑えず素直に表に出すことが大事で、そうすると縄文ゲートの向こう側に入りやすくなるのです。

感情そのものには、善悪・正邪はありません。身体の代謝物のようなもので、素領

域理論から見たら素領域間の接触（振動）です。

感情を出さずに押し殺して溜めておくと、素領域間の自然な相互作用が損なわれ、体内毒素が身体中にまわって病気になるように、余計に自我意識や執着が強くなるだけです。

ですから、喜怒哀楽などの感情はすぐに発散することが大事で、幼い子どものように自分が感じたことをそのまま言葉や態度で表現すればいいのです。

都会生活の場合、殺伐とした人間関係になりがちですが、実はそれだけ完全調和の世界に戻ろうとする力（霊性）も動きやすいという面もあるのです。

これは僕自身が都会生活をするようになって感じることですが、満員電車に揺られたり、人混みのなかを歩いたり、人と人とが押し合いへし合いする激しい競争社会には刺激、振動が生まれます。

この適度な刺激、振動こそが、完全調和に戻ろうとする力を強めるのです。完全調和の働きで愛や情が生まれやすくなるのは、まさにそのようなときです。

そこで自分の感情・感覚を閉じてしまってはストレスに押しつぶされてしまいますが、感情・感覚を受け入れ、縄文ゲートを開いてしまえば、「この世もまんざらじゃない」

「何とかなるさ」とすべて包み込んで、気にならなくなるのです。

だから、感情を素直に表現し、右脳のスイッチをオンにしておくことが大事です。

率直な感情表現に関しては、関西人が得意で、「アホちゃうか」などといっても決してケンカにはなりません。

それは「人類みな兄弟」「一皮むけばみな一緒」という暗黙の神様つながりが前提になっていて、建前をつくろうのではなく、普段から本音のやり取りをしているからです。

このごまかしのない本音のやり取りが、縄文ゲートを開く秘訣です。

その意味で、**縄文ゲートを開く究極の方法は、何も考えず、ただ感情・感覚のおもむくままに動いてみること。**これが自我を超えた神様に全託する生き方で、本来の意味での「他力」ともいえます。


これはつい最近になって、アンドロメダ星雲に今も存在するマリア様の魂からの呼びかけでわかったのですが、ＡＩの支配から逃れるには、理性ではコントロールできない人間の喜怒哀楽という感情や感性が大事で、縄文の心で生きている日本人はコンピュータには支配されないとのことです。これには、僕もまったく同感です。

今、この国の霊性が高まっているのも、このままＡＩ化の道を突き進んでしまうのか、それとも感性や霊性を主とする本来の人間の生き方へとシフトしたいのか、ひとりひとりにそれが問われている歴史の分岐点なのかもしれません。

この点に関して、東京大学の物理学科から哲学科に転向された故・大森荘蔵《しょうぞう》先生は、人間とＡＩ（ロボット）の究極の違いについて、次のような趣旨のことを教えてくださっています。

人間は、物を見たときに、そこに自分を入れ込むことができる。
しかし、ロボットにはそれができない。
人間は、ロボットにさえ自分を入れ込むことができる。
しかし、ロボットには、すべての物に自分を入れ込むことはできない。
これは、人間のみに与えられた力である。

このロボットにはなく、人間だけに与えられた力こそ霊性であると僕は思います。

無邪気な子どものように感情を素直に表現していれば、それだけ感性も冴えて縄文ゲートがオープンになります。

縄文ゲートが開くと、宇宙が味方になって、この世によい流れを生みます。

もしそれまで人間関係に苦しんだり、嫌なことがあったりしても「まっ、いっか！」と気にならなくなって、心が軽くなるのです。

それとともに完全調和の世界に対しても働きかけやすくなって、願いもかないやすくなるのです。

出会った相手のすべてを愛する

あの世との壁がもっとも薄くなっている今、これからどのようなことを心がけて生きていったらいいのでしょうか。

心の持ち方としては、これまで述べてきたように、神様（あの世）にすべてを委ねることが一番なのですが、それは何もせずに、ただ受け身の人生を過ごせばいいという

ことではありません。

どういうことかというと、「出会った相手のすべてを愛する」、そのことで魂がひとつになる、ということです。

僕はそれを合気道の根本原理として「愛魂」と名づけているのですが、あるとき、すべてにおいてそのことの大切さを再認識させてもらう体験をすることができました。

これは他の本でも取り上げている話ですが、ロシアのサンクトペテルブルグのUFO研究所で働いていた女性と対話をしていたときのことです。

場所は丹波の山奥にある白龍神社で、年1回の大祭で特別講演に招かれていたロシアのUFO研究所で働く女性にお目にかかることができ、UFOに目のない僕は食い入るようにして話を聞きました。

それによると、操縦士は自分の気持ちをUFOのすべての部品の気持ちとひとつにすることが求められ、それらの部品が互いにうまく連携することで操縦士の意図どおりに機体が動くのだと語ってくれました。

しかし、宇宙人から訓練を受けたロシア人操縦士がすべての部品と完全に気持ちをひとつにできるのは、残念ながら2分が限度。つまり、ＵＦＯをうまく操縦して離陸させたとしても、2分後には操縦不能に陥ってしまい墜落しかねないわけです。

それまで僕は、ＵＦＯの内部には操縦桿や制御装置のようなものがないという情報を得ていたので、おそらく操縦士の思考を読み取っているのかな、と想像はしていたのですが、その女性の話を聞いてなるほどと腑に落ちました。

そこで今度は、次のような素朴な質問を投げかけました。

「僕は理論物理学者ですが、そのなかでもこの宇宙のなかの基本法則や根本原理が、本当はどのようなものなのかということだけをとことん追求している、極度に少数派のひとりです。

従って、現在我々が知り得ている物理的な基本法則の背後に、いったいどんな真理が隠されていて、これからどんな奥深い法則が見出されてくるのか、といったことに強い関心を持っています。

もし、そんな真理を宇宙人が知っているというなら、僕は喜んであなたがすすめるロシアの研究所に行きますが、そこで宇宙人に会ったとして、僕も宇宙人がテレパシーで教えてくれることを受け取ることができるでしょうか？」

すると、それまでの質問には間髪入れず答えてくれていたその女性は、いったん無表情のまま空を見つめてから、改めて僕の顔を見据えるようにしてこういったのです。

「あなたは、そのあたりの草や木や虫、犬や猫あるいは鳥の気持ちがおわかりですか？」

「そんなものわかりませんし、だいたい興味もありません。僕が興味を持っているのは宇宙人と交流し、まだ我々地球人が知らない基本法則を教えてもらうということだけです」

そう答えた僕に対して、その女性はまるで聞き分けのない子どもに母親が話をするように、「そういう草木や動物たちの気持ちがわからないレベルで、宇宙人の気持ちがわかるとお考えですか？」と問いかけてきたのです。

まさに、目からウロコが落ちた瞬間でした。

彼女の言葉で、僕は自分が考え違いをしていたことを悟りました。

すべてのものに気持ちを合わせていかなければならない。そもそも、それが人間としての生きざまであるし、宇宙人と交流できたり、ＵＦＯに出会ったりすることができる人間に求められる最低限の条件でもある——僕は心底そう思えたのです。

それを見透かしたようにその女性がいいました。

「おわかりいただけたようですから、もう邪魔するものは何もありません。あきらめずに希望を持ち続けていてください。遠からず宇宙連合からの接触があるはずです」


相手のすべてを愛することでお互いの魂が共鳴し、相手の身体を自在に動かすことが可能となり技をかけられるのが愛魂です。これはUFOの操縦方法と同じなのです。

宇宙人によってUFOが提供された状況で操縦を習うのではなく、身近にUFOなどどこにもない僕のような人間がその操縦に習熟するためには、愛魂の稽古により人の身体を使って相手を自在に操る練習をしていけばいい。

この僕が長年追い求めてきた合気、すなわち愛魂が、本当はUFOを操縦するための技術だったことを悟った瞬間でした。

愛するという気持ちで相手とつながると、無意識を介した霊体同士の感応作用によって相手が無意識にこちらの意のままに動いてくれるようになる。

これを体得できれば、UFOの操縦に限らず、猫や犬や草や木、すべての生き物と霊的につながって共生ができ、地球全体がアナスタシア（ロシアの自然共生型コミュニティー）のような現代の「エデンの園」たり得るでしょう。

相手を愛するといっても、先に述べたように、自分の感情を押し殺さないといけないということではありません。

思考を介さない素直な感情は、霊体の反応です。感情表現は人間だからこそできることで、決してＡＩにはできないことです。

第４章

神様とつながる奥義を知る

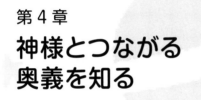

縄文ゲートを開く奥義との出会い

僕が継承させていただいた伯家神道の祝之神事は、天皇を霊的に支える秘儀であることはすでに述べましたが、実は、縄文ゲートを開け放つ奥義でもあります。

祝之神事の奥義は、これまで公に明かされることは一切ありませんでした。

しかしながら、天皇が生前譲位なされた今年こそはすべてを明かすときということで、僕が祝之神事を修行し、継承させていただいた経緯についても少しくわしく述べておきたいと思います。

かれこれ十数年前のこと。ある日、2人の男女が、当時僕が勤務していた岡山のノートルダム清心女子大学を訪ねてこられました。

その女性は、京都のある神社で祝之神事を継承している巫女様の代理人でした。

そのころ、僕はがんの手術も無事終わって、大学での授業や研究が一段落していたため時間に少し余裕がありました。それまでに先方から何度も電話をいただいていたこともあって、「1時間だけなら」ということで仕方なく会ったのですが、その女性がいきなり「伯家神道の祝之神事を受けてほしい」と切り出してきたのです。

まったく知識がなかった僕が、「それはどんなものなのですか？」と尋ねたところ、「私どもの神社の巫女が伝承してきた神祇官統領白川伯王家に残された伯家神道の秘儀で、本来は天皇家に伝わる神事でした」と説明してくださいました。

彼女によると、伯家神道とは朝廷の神祇官統領である白川家によって継承されてきた惟神道《かんながらのみち》なのだそうです。

明治4年の神祇官廃止まで約８００年間継承され、最後にこの祝之神事を受けられたのが皇太子時代の明治天皇であったとのこと。

この祝之神事は新天皇に霊力を授けるもので、明治天皇が神事を受けられて以来、この国は神に守られていたそうです。

その効力は120年ほど続くそうなのですが、明治天皇以降、政治的な理由による神祇官廃止によって、大正天皇も昭和天皇も祝之神事をお受けになっておらず、もう間もなく120年が経とうとしているのでした。

そこで、祝之神事を継承してきた巫女様が、**「この宇宙の背後にある基本原理（真理）を常に探求している者にこの神事を伝承するように」**とのご神託を受け、インターネットで「宇宙　基本原理　探求」と検索したところ、一番トップに僕の名前が出てきたというのです。

こうして訪ねてこられたのですが、正直、僕はこの話にまったく興味がなく、相手を不審に思うばかりでした。

それを察して彼女は、「巫女様から事前に、『彼が信じないようだったらこう伝えなさい』といわれたことがあります」といい、こう続けました。

「この神道の秘儀は、もともとはピラミッドで行われていました」

僕はそれを聞いて余計に「そんなバカな……」と半ばあきれ顔になりました。

具体的にどんなことをするのか聞いても「白装束で神社の拝殿で祝詞を上げます。

けれどそれ以上はいえません」というだけです。僕はわけがわからず、当然断りました。ですが、彼らは「保江さんに首を縦に振っていただくまで帰れない」というのです。押し問答を続け、先に音を上げたのは僕でした。仕方がないので、「じゃあ、１回だけですよ」と約束して引き取っていただきました。

引き受けたものの日に日に不安がつのり、後日、宮中祭祀にも精通している矢作直樹先生に相談することにしました。

「先生、祝之神事ってご存知ですか？」と聞いた瞬間、「えーっ！ いったいどこでそれを?! 失われたといわれている祝之神事を継承された方がどこかにいないかと、我々必死に探していたところなんです！」と驚かれるではありませんか。

先生から伯家神道と祝之神事についてくわしい説明を受けて、そこでやっと信頼できる話だとわかったのです。

矢作先生によると、明治天皇が祝之神事を受けられてから１２０年ということは、後１、２年しかないことから、宮内庁のなかでも正統な祝之神事の継承者を必死で探していたもののどこにもいなかったので、文献に基づいて再構築するしかないという由々しき事態になっていたとのことでした。

そんな話を聞いて、「1回だけですよ」とつい約束をしてしまった僕がその巫女様のもとに行くのも何かのご縁かと思い、京都の神社に出向くことにしました。

ところが、結果的に僕は10年以上その巫女様のもとに通って祝之神事を伝授していただくことになったのです。

この地球に生まれた本当の理由

巫女様によると、この伯家神道の祝之神事（祝詞）は天皇の霊力を長く保持するためのもので、それによって日本に平安がもたらされるとのことでした。

ところが、政治的な理由によって明治新政府が祝之神事を封印したため、明治天皇

以降、天皇家においては継承者が途絶えてしまった。

そこでその巫女様が継承することになり、ひっそりと伝承してこられたわけです。

この祝之神事の奥義こそ、この本で述べている内容をすべて貫いている、縄文ゲートを開く基本原理です。

祝之神事は、表面上は天照大神が天岩戸にお隠れになったときに天岩戸のなかで行われたご神事とされ、江戸時代までは真っ暗闇のなかで行われていたそうです。

しかし現代においては、塩で結界を張って場を清め、あの世とつながりやすい場所を設定します。その清められた場に神官や巫女が入って、本来の大祓の祝詞を奏上することで神降ろしをするのですが、これによってあの世との扉、つまり縄文ゲートを開放するわけです。

そうすると、あの世の情報が結界のなかに現われてきます。

僕の場合は、３回目のときに身体に反応が起きました。頭は冷静、それでいて僕の身体は自分で制御できなくなって勝手に発動しはじめたのです。これを霊動（自発動）といいます。

白川家にはそのような霊動ごとに神様を見分ける奥義が残されているのですが、巫女様によると、僕の霊動は先代の巫女様から継承されたもののなかにはない動きで、後日調べてわかったのが、めったにない宇宙人由来の魂を持っている人の動きだったそうです。そして巫女様からいわれたのが、「あんさんはアンドロメダ星雲出身で、シリウス、金星経由で地球に来はりました」という言葉だったのです。

まさか80歳を過ぎた巫女様からそんな言葉が出るとは思いもよらなかったので、驚いたものの、そういわれてみれば思い当たる節がありました。

大学時代、天文学科の実習の際に、大型天体望遠鏡でアンドロメダ星雲を見たときになぜか懐かしく、自分が生まれたふるさとの街灯りを見ているかのような感覚になったからです。他の星雲を見ても何も感じないのに、とても不思議でした。

巫女様の話しを聞いたとき、否定できない何かがあり、それ以降、巫女様は僕の魂の目的を引き出すようなご神事を特別に行ってくださるようになりました。

祝之神事を5回ほど受けたとき、巫女様が、「あんさんのこの地球でのお役目がわかりましたえ」といい出しました。

「あんさんのお役目は、この地球上に宇宙センターをつくることです」

それを聞いて「えっ!? 宇宙センター?」と驚き、巫女様に、どうしたらいいのかを尋ねました。すると、笑いながら、「大丈夫です。あんさんのアンドロメダやシリウスのころの部下たちがこれからどんどん現われてきて、自然にできますから気になさらないように」といわれました。

僕にそんなものをつくる力が本当にあるのだろうか、と半信半疑でしたですが、その後確かに次々と宇宙由来の魂を持つ人たちとの出会いが続いていったのです。

出会いの他にも、ピラミッドで行われていた「ハトホルの秘儀」を僕が伝授することになったり、ある女性から、その秘儀をイエスとマグダラのマリアが日本に返しに来たと思われるような証言を得たりするなかで、ハトホルの秘儀と祝之神事が共通して縄文ゲートを開く奥義であることは充分納得できました。

とはいえ、この祝之神事を修行（体得）するには、毎回2日間、正座をしたままでずっと祝詞を奏上し続けなくてはならず、大変な行でした。普通、それだけ長時間祝詞を上げると喉がつぶれますが、なぜか伯家の祝詞だけはそうはなりません。

結局、僕は毎月1回のペースで10年以上も通うことになったのです。

巫女様は今から4年ほど前に、80代後半で逝去されました。

亡くなられる前、病室で巫女様は僕に「あとのことはお願いしますえ」といわれました。

しっかりと目を見ながらそういわれた僕は、お引き受けせざるを得なくなったというのが正直なところですが、今では祝之神事を継承しながら指導もさせていただいています。

以上のような経緯があったからこそ、これまで伏せられていた事実の一端をこうしてお伝えできるわけです。

僕は、それを継承した者として、その一部をみなさんにお伝えし、この国で暮らす人々に幸せになってもらいたいと考えています。

祝之神事が呼んだUFO

祝之神事は、縄文ゲートを開放してこの世に神霊や宇宙人を降ろす日本古来のご神事。いわば、究極的な縄文ゲートのフリーパスです。

２０１８年12月9日、それをはっきりと実感させられる出来事が起きました。

場所は、今僕が住んでいる東京白金にある青空駐車場です。

龍体である日本列島には、各地に龍穴《りゅうけつ》と呼ばれる、あの世への出入り口のようなものがあります。

東京にも龍穴はいくつか存在しますが、そのひとつが白金の青空駐車場にもあるのです。

その日の夕方、祝之神事をしたあとで、龍穴を見たいという参入者を6名ほど駐車場に案内しました。

すると、そのなかのひとりが龍穴に入るなり金縛《かなしば》りにあってしまったので、僕はすかさず祝詞を奏上しました。

すると、**突然、上空にＵＦＯが現われた**のです。

僕は以前、伯家神道の巫女様から「祝之神事はＵＦＯを呼ぶためのご神事でもある」ということを教えてもらっていたので、それが本当だったことに興奮しました。

その場にいた6人全員が肉眼ではっきりと宇宙船を目撃し、宇宙船の底には赤緑青の光が乱舞していて、まるで映画の『未知との遭遇』そのままでした。

ところが、そこでさらに不思議なことが起こりました。

僕を含めて6人のはずなのに、なぜか影が7つ見えたのです。

「あれっ？」と思ってふり返ったら、それまで僕ら以外いなかったはずなのに、僕たちのすぐそばにひとりの女性が立っていたのです。他の人もその女性がこつ然と現われたのですごく驚いた様子でした。

その女性は、「ここリュウケツ？　あれ、ＵＦＯ」などと妙な日本語で話しかけてきました。

参入者のひとりが彼女をまじまじと見て、「さっき私たちが歩いてきた道であなたとすれ違ったのを、私は覚えていますよ」というと、彼女は「当然です」といった顔をしています。

その様子を見て、もしかして宇宙人かもしれない、と思った僕は彼女にどうやって来たのか聞きました。

すると、「ワタシ、アレに乗れますから」とＵＦＯを指差します。彼女は宇宙船のパスを持っているというのです。

そして、ＵＦＯが去ったのと同時に、彼女に重なっていた宇宙人もいなくなってしまいました。

宇宙人は、駐車場に降りてくるときに、たまたま道を歩いていた女性の身体をコピーして人の姿になり僕たちの前に現われたのでしょう。

そのときはご神事の直後で空腹だったので、僕は食事をするためにその場を立ち去ったのですが、宇宙人が人間の体に入ったところを直に目撃できたことで、僕は何となく背中を押されているような気がしました。

ＵＦＯに乗るもうひとりの自分

肉体は地球にあっても、人はときどき霊体で宇宙に行っています。

僕も例外ではないようです。

それを証言してくれたのが、先ほども出てきた、ＵＦＯに乗ったことがあると話してくれた高知県の高校の先生です。

彼によると、一度肉体で他の星に行ったあとは、霊体（アストラル体）だけで行けるようになり、その後もたびたび行っているそうで、霊体で行くときには10人ほどのグループになっていくのだそうです。

メンバーはその都度違うらしいのですが、そのなかにいつも彼と一緒になる男性がいるそうです。

その男は出しゃばりタイプで、「次はこんなことが起きるから」「ここはこうなってい

る」などと、メンバーに逐一説明したり、その場を取り仕切ろうとしたりするので、とても印象に残っていたそうです。

ある日、彼は書店に並ぶ本の表紙にその男性を見つけます。それが僕の本でした。表紙に載る僕の写真を見て、「あっ！　あいつや‼」と気づき、他の惑星を訪ねたときに一緒だった男性が保江邦夫だったと知ったというのです。

僕を高知県まで講演の講師に呼んだのも、それを直接本人に確かめたかったからと話してくれました。


残念ながら、僕には宇宙船内で彼らを案内したときの記憶はありませんでしたが、彼の話しを聞けば聞くほど、確かに「僕だったらきっとそうするだろうな」と思え、不思議と納得できたのです。

彼が前泊してほしいといっていたのは、お酒でも酌み交わしながらこの体験を確認し合いたかったからで、だったら先にいってくれれば……と思いつつ、僕は後ろ髪を引かれる思いのまま東京へと向かいました。

普通の高校の先生が、ＵＦＯで宇宙の別の星を訪問して、その星の教育を学んで地球の教育に生かそうという時代です。

もちろん、そんなことを他の教員に話したら引かれてしまうのがオチでしょうが、校長先生自らよくＵＦＯを目撃しているというのですから、明らかに時代は変わったといえるでしょう。

ＵＦＯに乗って他の星でガイドをしているのがもうひとりの僕に違いなく、これも縄文ゲートを越えて霊体同士でコミュニケーションができる証しだと思います。

こうした体験が度重なることからも、常識的な判断や自分の頭でアレコレ詮索するよりも、神様に全託したほうがすべてうまくいくことを改めて知らされた気がします。

使命を通じてつながっていく宇宙由来の魂

宇宙人つながりでもうひとつ、僕が画家のケンさん（仮名）から聞いた今から10年ほど前の話をお伝えしておきましょう。

ケンさんは一面識もなかったアパレル会社の社長さんに「ぜひお会いしたい」と誘われ、「絵でも買ってくれるのかな」と期待し、その会社を訪れたそうです。

すると、社長室のなかで人形に着せるような小さな洋服を見つけ、ケンさんは「これは洋服の見本ですか？」と社長さんに聞きました。

すると、それを手にした社長さんは、「これは若いころ、部屋に突然出現したものなんです」と、そのときのことを話してくれたそうです。

若いころの社長さんは、突如現われた、着られるはずのないその小さな服を無性に着てみたくなって、袖に手をとおしてみました。

すると何とその服を着ることができ、身体にピッタリフィットしたかと思うと、急に宇宙人と交信ができるようになったというのです。

社長さんは金星から地球に転生した宇宙人（ワンダラー）だったのです。

そのときに社長さんは宇宙人から、**「金星から来た宇宙人は地球に600人ほどいる。そのなかでも一番多く集まっているのが日本で、あなたもそのひとり。あなたたちワンダラーの使命は金星からの指令を受けて地球を守ること」**と告げられたそうです。

社長さんは、左脳で「金星なんて灼熱地獄で生物が住めるはずがないのに……」と思った瞬間、宇宙人から「いや、今は金星の大気の外側にあるソレイユウンモという領域にいて、そこから指令を出している」と返答があり、納得。

さらに、ケンさんは社長さんから興味深い話を聞きました。

当時オーストラリアで原子力発電所のトラブルがあって、このままだと大規模な爆発事故の恐れがあるから、すぐに原発の前に行き、外からでいいから祈るように、と宇宙人から指令を受けたそうです。

当時、社長さんはまだ学生で、ひとりで渡航するのはとても無理。ところが、宇宙人から促されて机のなかを見てみたら、そこにはパスポート、航空券、旅費までもがすでに用意されていたため、オーストラリアに旅立つことに。

そして、現地に着いて原発の前で座禅を組み、爆発事故が起きないように必死で念じたそうです。

すると、「ありがとう、これで大丈夫だ」と宇宙人からいわれたので、帰国して引き出しを開けたら、「よくやった」とごほうびに、そこには宇宙からの黙示録ともいわれる「オイカイワタチ」が入っていたそうです。

オイカイワタチとは、神様の手足となることを心に誓って、進化の周期が訪れている地球に生まれ変わり、地球を神様の世界とする目的のために身を挺する魂を持ったワンダラーたちに向けてのメッセージ集です。

６００人の仲間のうち、特に日本にいる人たちはさまざまな役割を持って動いているのです。

そのなかにはエネルギーを供給してくれる仲間もいて、社長さんにとってはそれが画家のケンさんだったのです。それ以来、親しく交流している、とのことでした。

僕にも会っているだけで不思議なほど疲れが取れる、そういう人が何人かいます。

巫女様がおっしゃっていたように、この数年で僕のまわりにも、宇宙由来の魂を持った仲間がどんどん現われています。

僕の縄文から続いている使命が実現されるときが、刻々と近づいているのを感じるのでした。

第5章
ふたたび戻ってくる縄文の世界

縄文の右脳的な感性を目覚めさせる

縄文の心を取り戻すことができれば、宇宙が味方になってくれるので、それだけ願いがかないやすくなります。

縄文の心をひと言で表現すると、いわゆる右脳的な感性です。

共感、直感、イメージ、図形や映像などのパターン認識、ひらめき、女性性（母性）などが主な右脳の働きで、これが縄文人の感性です。

それに対して、ヨーロッパ系のユダヤ人などが得意とするのが左脳的な理性です。ノーベル賞受賞者の３分の１がユダヤ系だといわれるくらい、彼らは科学的な分析力や知的な能力に長けていて、経済や科学技術の進歩をリードしてきました。

ですがその一方で、原爆や化学兵器などの開発にかかわってきたのも事実です。

それとは対照的なのが右脳的感性に優れた縄文人で、彼らは武器を持たず、調和を

重んじてきたわけですが、それはレムリア時代から引き継がれてきたものです。

アトランティス人の末裔であるユダヤ人が日本にやってきたことによって、レムリアの感性とアトランティスの理性が融合して最強の文化を築いたのが平安時代です。

それが、時代を経るにしたがって左脳的な理性だけに偏ってしまい、現代ではレムリアの感性が失われつつあるのが実状です。

このまま進むと、アトランティスと同じように、科学技術の誤用によって地球が滅びる可能性が出てきたことから、レムリア—縄文系の人たちが、「何とかしなくては……」と奮起して、あちこちで魂の再会を果たしています。

もちろん、理性と感性を兼ね備えてバランスさえ取れれば、アトランティスの心、大和心も大事ですが、今もっとも必要とされているのは、調和や感性を重んじる縄文の心です。

その意味で、昨今の右脳ブームも、レムリアの感性がふたたび復活しつつある証しでしょう。

なぜなら、そもそも右脳は、無意識やあの世とのつながりが強いからです。

左脳の働きが止まって右脳だけになると、すべての存在との一体感が生まれます。ハーバード大学で脳神経科学の専門医として活躍していたジル・ボルト・テイラーさんは、実際にそのような体験をされています。

彼女は37歳のときに脳卒中に襲われ、幸い一命は取りとめたものの脳の機能は著しく損傷、言語中枢や運動感覚にも大きな影響が出て、右脳だけが働いている状態に陥ります。

その状態を彼女は、「自分の身体の境界がなくなり、流体のように周囲に溶け合っている。個物も同様で対象になるものはなくなり、世界の全体が連続したエネルギーの流れとして感じられる。自分もエネルギーとしてそのなかに織り込まれている。至福の一体感を得た」と著書のなかで述べています（新潮文庫『奇跡の脳』参照）。

自他をさえぎる境界がなく、過去や未来もない、今だけがあるという感覚は、仏教の「涅槃」、神道の「中今」であり、これこそ縄文ゲートが開け放たれたときの無我の状態です。

もちろん、武道やアート、スポーツや動植物との触れ合いなど、自分が無我夢中になれることに取り組むことで右脳を活性化することができます。

自分の本質が霊魂であることを自覚して直感やイメージを大事にしていれば、自然にレムリア―縄文の感性が蘇ってくるはずです。

光と音を使った高度な文明が発展する

縄文の感性が冴えていると、光や音に対する反応性が高くなり、自分の思いがあの世に届いて実現しやすくなります。

その理由は、特定の光や音によってこの世の素領域が変化しやすくなるからです。

素領域理論で簡単に説明しましょう。

泡にたとえられる素領域は、素粒子が生まれる場ですが、たとえばそのなかに光があるとすると、泡のなかに光の粒が浮いているようなイメージで、泡の内側に引っつくことなく自由な状態でいられます。

つまり、光の動きは固定化されていないので、隣の泡（素領域）のほうに簡単に移動

でき、しかも素粒子のなかでもっとも速いスピードで移動できるのです。

素粒子が泡と泡の間を行き来しているということは、光は完全調和の領域（あの世の側）を通過していると考えられます。

そしてそれと同様な理由で、空気を媒質とする音波（疎密波）もあの世との相互作用があると考えられるのです。

宇宙人（宇宙の霊団）が光と音から物や肉体をつくり出したのも、光や音のエネルギーが宇宙の力を引き出して自由自在に素領域をコントロールできるからです。

古来、宇宙人や天使、仏などの聖なる存在が「光」として捉えられてきたのも、**もっとも純粋で自由度の高い素粒子が光のエネルギー**だからです。

僕の魂のふるさとであるアンドロメダ星雲では、素領域のなかに光だけがありました。

素領域が徐々に変化して、光よりも遅い素粒子が収束しながら肉体化していったわけですが、霊体（魂）自体は完全調和のあの世の側の存在ですから、光よりも速く瞬時に素領域間を移動できるのです。

霊体が主だった縄文人は、この光と音の創造原理を使っていろんなものを物質化したり動かしたりしていたわけで、この光や音に呼応するセンサーが縄文人の感性であり、右脳の働きでもあるわけです。

あの世と交信する日本の伝統文化

音を使って完全調和の世界に働きかける方法として、古くから日本で用いられてきた技のひとつに、神道の祝詞があります。

祝詞のルーツは、縄文人のうめくような響き、うなり声でした。

霊体が主だったころ、まだ完全な身体や道具をつくる前に、縄文人は自分の声のうなりのような響きだけを使ってあの世に働きかけて、さまざまな現象を起こしていたのです。

これは縄文神道といってよいかもしれませんが、**初代神武天皇の祝詞もはっきりし**

た言葉ではなくて、うなりのような響きそのものだったのです。

やがて、物質化が進むにつれて手足や道具を使うようになり、指笛を吹いたり拍手をしたりして神々を招くようになり、音霊から言霊である祝詞が生まれました。

つまり、もっとも原初的な音霊は言葉にならないうなり声であり、拍手なのです。

伯家神道では、いろんな種類の拍手の仕方によって各々の神をお呼びしますが、これは普通の人が神社の拝殿の前で行っている一般的な拍手とは違います。

本来、神々に働きかけるための拍手は、手と手が当たる瞬間にもっともスピーディーに力を込めて強く叩きます。このやり方は、手と手の間の空気がもっとも圧縮されて「疎密波」が生じて、完全調和の神様の世界に届く拍手です。

疎密波というのは、密度の疎なところと密なところとが次々とできて進行方向に伝わっていく音波で、縦波です。この疎密波という振動が、音霊や言霊、祝詞が持つ力の本質です。

手が痛くなるほどの拍手で、だからこそ、言葉は発せずともこの拍手の音霊だけで神様に届いて完全調和の世界に働きかけられるのです。

かたや、言葉を用いて神仏に働きかけるのが「祈り」や「真言」などの言霊ですが、もっとも効果的なのは、「ありがとうございます」という言霊です。

これも感謝の思いが光の振動となって、素領域の壁を越えてあの世に届くからです。なので、「引き寄せ」にしても、「○○してください」ではなくて、「○○にしてくださってありがとうございます！」というほうがより効果的です。


縄文から引き継がれた光と音の創造原理は、日本画や能楽にも受け継がれています。

日本画は洋画に比べて単調に見えて、被写実的で躍動感がないなどと評されることが多いのですが、実はそれは照明、光の問題です。

日中の窓明かりや電灯などの明るい照明の下で見ることが前提になっている西洋の絵画と違って、日本画は、ロウソクの炎かたいまつのかがり火のなかで見ることが前提です。その光の中ではそこに描かれた実体がはっきりと浮き上がって見えるのです。

たとえば、そこに虎が描かれていたとすると、かがり火の下で見るとその虎がものすごくリアルに見えます。これも光による創発作用を知っていたからで、西洋には見られない縄文的な発想です。

そして、夜間薪をたいて野外で行う「薪能《たきぎのう》」。かがり火と雅楽の演奏によってくり広げられるこの能楽の世界も、まさに日本独特の伝統芸能で、これもレムリア─縄文の感性から生まれたものです。

雅楽の音は、西洋音楽とはまったく違う独特の音色やメロディーです。この雅楽の音色とかがり火が相まって、能舞台を観る人の五感や霊性に働きかけ、まさにあの世の物語として如実に伝わるのです。

そこには、炎のゆらぎを見事に組み入れた日本人独特の感性が見られます。

そして今、ふたたびあの世との壁が薄まって、さらに次元融合が進むことから、これからは、縄文ゲートを開く光と音を使った新たな技法がもたらされるかもしれません。

レムリアの感性を持ったこの世の女神たち

僕のまわりには、縄文人の感性が豊かな女性たちが多いのですが、ここで僕が最近出会ったレムリアの女神のような方々をご紹介したいと思います。

ひとり目は、岐阜県で気功師をなさっている年配の女性で、僕は親しみを込めて「岐阜のばあさん」と呼んでいます。

岐阜のばあさんは、まさにレムリア――縄文の女神のような不思議な能力をお持ちで、酒豪だった僕が禁酒できたのも岐阜のばあさんのおかげです。

それまで僕は、最盛期には毎晩食事時にワインボトルを軽く3本（2人で3本、ひとりだと1本半程度）空けるほどでした。さらにスイスにいたころは昼間からビールとワインを飲むくらい、毎日ものすごい量のアルコールを摂取していたので、正直あ

まり体調はよくありませんでした。

健康診断を受けても、毎回血糖値や肝臓のγ-GTP値が異常に高かったのですが、それでもお酒を控えることはせずにやり過ごしていました。

そんな僕の不摂生を心配してくれた知人が、今から5年ほど前に「すごい気功師がいるから」と岐阜のばあさんを紹介してくださり、岐阜まで出かけていき、気功を受けることにしたのです。


岐阜のばあさんは、それまではごく普通の人だったのが、神社やお寺巡りをしているときに神仏から「人を治すように」とのお告げを受けて癒しの力を授かったそうで、それ以来、大自然に対する感謝の気持ちから、「気功で人を癒すサロン」を開設して数多くの人たちを助けていました。

岐阜のばあさんはすごいことに、たとえば血糖値を下げるとすると、どれだけ下げたいのか希望する数値を告げるとそのとおりの数値に下げられるというのです。

それを聞いて、「じゃあ、ぜひやってもらおう」と、健康診断の2日前に施術を受けました。半年前の検査では、血糖値が320、γ-GTP値が570もあり、医者から「生きているのが不思議だ」といわれていたので、血糖値もγ-GTP値もせめて200以下にしてもらうようにお願いしました。

それまでも、何人かの気功師のところで施術を受けた経験があったのですが、どこに行っても身体で何かを感じ取ることはありませんでした。

ところが、岐阜のばあさんのサロンでは、ベッドにうつ伏せに寝た瞬間に電気を流されたかのように背中に強い衝撃が走って、思わずえび反りの状態になったのです。

何をしたんだ!? と思ってふり返ると、岐阜のばあさんは2メートルほど離れた場所から僕に向かって手を掲げているだけでした。

「この人はすごい!」と思って帰ったものの、その翌日に友人の送別会があり、いつものようについお酒をがぶ飲みしてしまい、その状態で次の日に健康診断を受けることになったのです。

1週間後に血液検査の結果を見た僕は、驚きのあまり声が出ませんでした。

検査の前日にお酒を大量に飲んだにもかかわらず、何と血糖値は140、γ-GTP値は37に下がっていて、両方の数値ともに、岐阜のばあさんにお願いしたとおり200

以下になっていたのです。岐阜のばあさんへの信頼が深まって、それ以降何度か岐阜に通うようになったのです。

はじめての出会いから数年後、ふたたび不思議な出来事がありました。

あの世を通じて女神のもとに呼び戻される

ある日岐阜のばあさんから、「伊勢神宮の内宮にマリア様が降りられる場所があるので、あなたに教えておいてあげるからおいで」とお声がかかり、愛車の古いベンツに乗って岡山から伊勢に向かいました。

内宮に着くと、確かにその場所は独特の雰囲気で、他とは違う気配がしていました。外宮にはキリストの霊が降りてくる場所があるというので、そこも教えてもらってから帰路につき、岐阜のばあさんにナビをしてもらいながら伊勢から高速道路に乗って岐阜に向かい、岐阜のばあさんのご自宅までお送りしました。

不思議なことが起きたのは、その翌々年です。

２０１８年9月4日、ちょうど関西国際空港が台風で甚大な被害を受けて封鎖された日に、ジュネーブ時代の教え子で、現在は大学教授になった知人が「名古屋で開かれる学会に出るために来日する」というので、学会の前に彼を高野山に案内しようと、空港で落ち合う約束をしていました。

ところが、台風が近づいてきていて、彼が乗る予定の飛行機は着陸できそうもありません。そこで僕は、他の空港に着陸する便に変更するように彼に伝え、結局、翌々日に名古屋の中部国際空港に着く便に変更になりました。

やれやれと思って安心しましたが、予定外に2日も空いてしまったので、前から一度行きたかった石川県の羽咋《はくい》市にある『宇宙科学博物館 コスモアイル羽咋』に行ってみることにしました。

ここは市立博物館なのに、ＮＡＳＡ（航空宇宙局）や旧ソビエト連邦の実物のロケットや宇宙船、ＵＦＯに関する公文書なども収集されていて、こんなぶっ飛んだ博物館は全国広しといえども、ここ羽咋市にしか存在しません。

実は、羽咋市の職員・高野誠鮮さんがアメリカやロシアに乗り込んで、直談判して実物を手に入れたそうです。

ずっと来てみたかった博物館を訪れることができたと喜びながら、ふと台風のニュースを見ると、「関空は台風の影響で封鎖された」と伝えられていました。「行かなくてよかったあ」と胸をなで下ろし、そのまま金沢で1泊しました。

翌朝、予定どおり中部国際空港へ向かうために、高速道路に乗りました。そこで不思議な感覚に襲われたのです。

岐阜のあたりを順調に走っていたら、なぜか急に背中がムズムズしはじめました。その次の瞬間、某高速インターチェンジの出口に向かう側道に向かって、無意識に急ハンドルを切ってしまったのです。それは、自分の意思とは無関係に、何かの強い力で引っぱられるような感じでした。

僕は「ここで降りるはずじゃない」とはっと我に返り、急ブレーキをかけて停車しました。

本線へ戻りたかったのですが、すでに側道をかなり走ってきてしまっていたので、仕方なくそのまま高速インターの出口に向かいました。

すると、高速インターの出口を通過した途端、「アレ!?　ここは岐阜のばあさんを送っていった道だ」と気づきました。そこで、「よし、今日は久しぶりにばあさんのところへ挨拶に寄ろう」と思い、予定を変更して彼女のサロンへ向かいました。

岐阜のばあさんのサロンに着いて「こんにちは」と玄関の扉を開けた瞬間、奥の部屋から「やっと来たか！」というばあさんの声。「エッ？　僕予約していませんよ」といいながらここまでの経緯を説明したところ、「なにいってんの！　あなたの内臓の数値がまた悪くなっていて、それを放っておいたら死んじゃうから、神様に頼んでここに呼んでもらった」というのです。

すべては神様の采配

台風が関西国際空港を直撃し、行き先が中部国際空港に変更になったこと。

ふいに羽咋市の博物館に立ち寄ろうと思ったこと。

さらには、時速100キロ以上のスピードが出ていた状態で急ハンドルを切り急ブレーキをかけたにもかかわらず、大事故にならなかったこと。

これらすべてが神様の采配だった、そう思わずにはいられませんでした。

しかも、ちょうどそのときは次の患者さんが来るまで空いていたので、すぐに施術をしてもらうことができました。

そして、岐阜のばあさんから「治療は今日が最後、あとは自分で努力しなさい！」と強くいわれ、「どんな努力をしたらいいんですか？」と尋ねたところ、酒をやめろとはいわずに、「あんた人のためにいろいろと働いているんだから、そろそろお酒くらいは断らせていただきなさい」といってくださったのです。

この言葉がずっと僕の胸に響いていて、それ以来、僕は一切お酒を口にしていません。

過去にも何度か禁酒したことはありますが、恥ずかしながら3日ももたなかったことばかりです。それがこの岐阜のばあさんのひと言で、もう1年近くも飲まずにいられています。それは、健康意識というより、神様の采配に抗わず、全託の精神でいると、お酒への欲求が不思議なほど湧いてこない、という感覚です。

思い返してみると、今まではお酒を飲むことで、無意識にあえてこの世の側に自分を引き戻すようにしていたのかもしれません。

いずれにしても、完全調和のあの世の側への扉を開け放ち、自身の願いを自在にかなえることができる女性とのかかわりは、縄文の世界を体感できた貴重な出来事でした。

太古から神様の化身だった聖なる動物

２人目のレムリア―縄文女神は、淡路島の山中で「福祉乗馬」専門の「五色ホースクラブ」を運営されている滝本眞弓さんです。

滝本さんと出会うきっかけになったのは、『ホース・ソルジャー』という映画でした。たまたま映画館でポスターを見かけ、一度は素どおりしたのですが、何となく気になり映画館へ引き返してチケットを買いました。

それは想像していた以上の傑作で、その後の僕の運命をがらりと変えてしまったの

です。

内容は、9・11のテロ事件の直後、タリバンとアメリカとの間に起こった実話です。アメリカの反撃第一波となる重要機密作戦の物語で、その存在自体が長い間秘匿されてきたのですが、ようやくその全貌がノンフィクションベストセラーの映画化として公開されたのです。

タリバンはテロリスト集団といっても、2万5000人の兵士にロシア製の戦車やロケットランチャーまでも持つ近代装備の私設軍隊です。それに対し、グリーンベレーの精鋭とはいえたった12名しかいなかったアメリカ兵が、いのちをかけた奇襲攻撃作戦に挑むという映画でした。

軍事的に圧倒的に不利な状況でしたが、小隊長がテキサスの牧場で育っていたために、馬を使ったゲリラ作戦を考案します。

結果としてそのやり方が功を奏し、最後には壮絶な闘いを経てテロリスト集団に手痛い敗北を味わわせることができたのですが、その主役は小隊長でも部下の11名でも、あるいは行動をともにした部族長でもなく、アメリカ兵が自らのいのちを託した馬でした。

映画でもそのことがちゃんと描かれていて、馬にはじめて乗る部下に向かって適切な助言をする小隊長の台詞はみごとでした。日本語でも「人馬一体」という表現があるように、小隊長と馬の間の一体感には驚かされるものがあり、あの馬がいなかったら作戦の成功もおぼつかなかったかもしれません。

映画の最後には、全員が生還した実際のグリーンベレー小隊12名の写真が示され、9・11のメモリアルとなっているワールド・トレード・センターが倒壊した跡地『グラウンド・ゼロ』には、何とその馬にまたがって突撃する小隊長の銅像があることが示されます。

感動のあまり、僕は数日後に同じ映画館に行って同じ映画を観ました。そして、その後会う人会う人全員に、このすばらしい映画『ホース・ソルジャー』で描かれた馬と人間の間の不思議なつながりについて熱く語っていたのです。

すると、そのなかのおひとり、徳島で内科医院を開業なさっている愉快なお医者さんが、「今度淡路島に馬に乗りに行きませんか？」と誘ってくださったのです。

人馬一体になる感動の体験

「淡路島に馬に乗りに行きませんか？」という誘いを聞いて僕は、さすがはお医者さんだ、趣味もリッチで乗馬クラブにも通っていらっしゃるのか、と感心しました。

すると、そんな胸の内を見透かしたように、「いえいえ、普通の乗馬クラブのような気取ったところなら僕は行きません」といって説明してくれたのは、「福祉乗馬」専門の福祉ＮＰＯ法人で、発達障害のお子さんたちを乗馬で癒しているところだとのこと。

イルカと一緒に泳ぐことで自閉症を癒すという「イルカセラピー」は聞いたことがあったのですが、馬にまたがってさまざまな疾患を癒す「ホースセラピー」というのは聞いたことがありませんでした。

うーむ、ひょっとすると馬の底力を垣間見ることができるかもしれない！ そう直感した僕は、そのお医者さんと現地で合流して、福祉乗馬を体験してみることにしました。

ちょうど前日に、大阪の教会で催されたピアノリサイタルの司会進行を仰せつかっていたので、翌日の13時に開催されるホースセラピーに参加させてもらうことにして岡山から車で行きました。

福祉乗馬専門の『ＮＰＯ法人五色ホースクラブ』は、淡路島のど真んなかに位置する山中にありました。

そこは手づくりの厩舎や馬場が広がる、本当に地の気に満ちあふれた、すばらしい場所でした。

ところが、僕が淡路島に乗り込んだときからずっと大雨が降っていて、徳島のお医者さんと合流してからも雨はまだ降りやまず、小雨状態の曇天です。

それなのに、いざ乗馬がはじまる時間がきて、今まさに僕が馬にまたがろうとするタイミングで雨が止んでくれたことから、理事長の滝本さんから、「淡路島の龍神様によるお清めだったに違いない」とのお言葉をいただきました。

こうして、神様にも祝福された形で馬に乗ることが許されたわけですが、最初は緊張しました。でも、乗ってみると意外に乗り心地がよいというか、馬の背中の柔らかさと温かさが驚きでした。

元国体選手だった若い乗馬コーチの女性が、これまたすこぶる的確に指導してくださるおかげで、すぐに馬の躍動に身体と気持ちを合わせることができるようになり、最後には早足で進む馬上でも笑顔が出るくらいには慣れました。

さらに調子づいた僕は、裸馬にも乗せてもらいました。たてがみを握った状態で騎乗して身を任せたところ、僕がちょっとバランスを崩して身体が落ちそうになると、すかさずそれを察知して落ちないように馬がフォローしながら支えてくれる。まさに人馬一体になったようで、「これぞ神様への全託!」と、えもいわれぬ心地よさを感じることができました。

人間の脊椎と馬の脊椎はほぼ同じ形で、裸馬に乗ると人の尾てい骨がちょうど馬の仙骨に収まるそうで、この類似構造が人馬一体になりやすい理由でもあるようです。

それは貴重な体験でした。

馬を通じて「神人合一」になれる

こうして、映画『ホース・ソルジャー』を観たことで、人と馬との間の不思議な関係の一端のそのまた一端を体験できたつもりになった僕は馬からおそるおそる地上に降り立ちます。

そう、まさに降り立つという表現がピッタリくるように、馬に乗っている間は地に足をつけないで、飛んでいるような体感を覚えていたのです。

まるで自分がギリシャ神話に出てくる半人半馬のケンタウルスになり、大地を自由自在に飛び回っていたかのような、そんな感覚でした。

乗馬を終えて、すばらしい体験を与えてくれた馬の首筋をなでながら感謝していたとき、覗き込んだ馬の目のなかに宇宙の深淵を見出した僕は、**馬もまた人間同様に「神**

様の覗き穴」そのものだと気づくことができたのです。

そう、古来日本でも馬は神聖視され、神社にはかならずといっていいほどに白馬と黒馬が一対奉られていたのです。そんな神様に通じる馬だからこそ、自閉症や発達障害の子どもたちを癒すだけでなく、戦場においては兵士たちに力を与え傷ついた兵士を乗せることで驚異的に癒してしまうことが知られていたに違いありません。

「馬力」「馬が合う」「馬い（巧い）」などなど、日本語にも「馬」が人間の本質的な部分の表現に使われています。

人馬一体となることは、もっとも容易に「神人合一」となる技法でもあり、間違いなく縄文人もそれを知っていたのでしょう。

五色ホースクラブの理事長である滝本さんは、そんな馬に対する愛があったからこそ、まったくのゼロから福祉乗馬という活動をはじめられました。

五色ホースクラブが発足して十数年が経つそうですが、それは滝本さんが一頭の馬を引き取ったことからはじまりました。

その馬は、大阪の乗馬クラブで会員の人たちが乗っていた馬でしたが、足を故障したために厄介者扱いされ、馬肉にされるという悲しい運命が待ち受けていました。

誰も世話をしないのでその馬はボロボロになっていて、人間を信用できない、そんな悲しい目をしていたそうです。

たまたま友人に誘われて見学に行っていただけの彼女でしたが、「この子をこのまま死なせない！」と後先考えずに引き取ることを決意したそうです。

馬の専門家でもないのに、という家族やまわりの反対を押し切るようにして、その馬のために淡路島の知人から土地を借り、セラピーファームを立ち上げたのです。

この「後先考えず」というのが、まさに縄文ゲートが開かれた瞬間です。

そうすると、奇跡的なことが起きました。彼女が愛情をかけて毎日せっせと世話をしているうちに、引き取った馬のケガがすっかりよくなって、「骨折したら治らない」といわれていたにもかかわらず、みごとに完治したのです。

そして、乗馬の専門家や新しい馬も入ってきたことから、何か社会貢献をしたいと思って障害児訓練施設の児童に乗馬させてあげたところ、不思議なことが起きたそうです。

「福祉乗馬」で見られた奇跡の数々

福祉乗馬では次のような効果があったそうです。

・「一生笑うことはない」といわれていた子どもが笑い出した
・支えがないと立てなかった子どもがひとりで立つことができた
・毎回リハビリで痛くて泣いていた子どもが馬に乗ると泣かなくなった
・夜間、3時間以上続けて寝られなかった子が、6時間も寝ることができた

そして、すでに戦国時代において、負傷した武将を戸板に乗せて運ぶよりも馬で運んだほうが治りも早かったということがわかっていたことを知り、身体障害者にも効果があることがわかったそうです。

こうして、「大好きな馬が子どもたちのお役に立てるなら」という思いから、ひとりで五色ホースクラブをスタートさせた滝本さんでしたが、その後もさまざまな困難を乗り越え、福祉乗馬は徐々に世のなかに広まっていきました。

その取組みは『ホースセラピー　癒やしの乗馬』（『財界』編集部・財界研究所）などでも紹介されています。

また、ケガをしたアスリートのリハビリ効果も注目されたり、２０２０年東京パラリンピックの理事に就任されるなど、滝本さんらのホースセラピーの取組みは全国的な広がりを見せています。

とりわけ関心させられるのは、五色ホースクラブでは福祉乗馬の実施は週２日だけで、あとは馬たちを自由に走らせてあげていることです。もちろん、これも利益よりも馬への愛を最優先しているからこそです。

僕が２度目の福祉乗馬を体験した翌日、２０１８年の11月25日にひとつの奇跡が起きました。

第26回全国障がい者馬術大会において、五色ホースクラブの出場者４名全員が上位入賞しただけでなく、そのうち３名が、初出場にもかかわらずスペシャル競技で高得点を出し、3位と5位になったのです。

その前々日の夜のこと。滝本さんからの依頼を受けて、僕はその出場者たちのために満月の下で祝詞を奏上させていただき、前日にあった歓送会にも出席させていただいたのですが、3名の子どもたちはあくる日の大会が気がかりでその歓送会には来られませんでした。

ですから、お母さん方の前で祝詞を上げて大会での活躍を祈願したのですが、大会が終わってから、その結果が書かれた新聞を見た僕は「奇跡が起きた！」とびっくりしたのです。

その奇跡を生んだのは、専門知識やスキルもなく、馬場も施設もない状態でただやむにやまれぬ気持ちから「この子を引き取ろう」と決意した滝本さんの愛であり、後先考えずに「この子を私にゆずってください」と口をついて出た言葉、これこそまさに神様の言葉に違いありません。

縄文ゲートはすぐそこにある

最後にご紹介するレムリア―縄文の女神は、これまでもいろんなところでご紹介させていただいている畑田天眞如《はただてんしんにょ》さんです。

畑田さんは、太陽系の金星を経由して地球にやってきたサナート・クマラ（魔王尊《まおうそん》）に京都・鞍馬山《くらまやま》の山中でいのちを救われ、その後に鞍馬寺で修行し、阿闍梨《あじゃり》となった方です。

畑田さんは、安倍晴明の流れを汲む、天社土御門神道《てんしゃつちみかどしんとう》を岡山県の阿部山にて斎行されていて、健康センターで数多くの人助けをされたり、現在は天眞如教苑苑主として、地球安泰、国家繁栄のために日本人の心や神代の智恵を伝えるべく勢力的に国内外を巡られています。

天眞如教苑とは、「神需仏の三道をわけ隔つるは未だ真諦にあらず　十方法界にはた

だひとつの法のみ存す」とのご神託が畑田さんに下ったことから、昭和55年正月にご縁のあった岡山県浅口市鴨方町《かもがたちょう》の地に開山された宗教法人です。

御祭神は、鞍馬山三尊一体尊天《くらまさんさんぞんいったいそんてん》、天地身一大神《あめつちまひとつのおおかみ》、元無極體主王神《もとふみくらいぬしのおおかみ》、泰山府君《たいざんふくん》、大日如来、キリスト、マリアです。

鴨方町には、現在、東洋一の天文台があって天体観測にはもっとも適した場所なのですが、ここには安倍晴明が天文観測のために居を構えていた阿部山があり、畑田さんはこのふもとの土地で育っています。

かつて、地元の人たちは晴明がこんな岡山の田舎に来るはずがないと思っていたところ、後に芦屋道満に連れられて実際に晴明が当地を訪れていたことが判明し、そこにお墓もあったことから、改めて阿部山の山頂付近に阿部神社が建立されたという経緯があります。

その地を開墾されたのが畑田さんで、彼女の半生はご著書の『命をつなぐ』（桃青社）にくわしく述べられているので、ぜひそちらをお読みいただきたいのですが、縄文とのつながりは、彼女がサナート・クマラにいのちを救われたことです。

嫁ぎ先の人間関係に疲れ果て、自殺をしようと思って訪れた鞍馬山で、畑田さんの前にサナート・クマラが現われたとき、こういわれたそうです。

「神は必要な人間か、そうでない人間か、いろいろの苦労を与えてみるものだ。そのような親心がわからぬか？　何でも自分で生きているように思っておるが、よく考えてみよ」と。

そして、サナート・クマラは教えを語り、畑田さんはそれをひと言も聞き逃すまいと半紙に書きとめ、サナート・クマラは伝え終わると姿を消されたそうです。

畑田さんによると、とてもこの世のものとは思えない香りが漂って、まるで夢のなかにいるような感覚になったそうで、もったいなくて身体中が震えてしばらく身動きもできず、「神は常にわがそばにいてくださる。私の思いは間違ってはいなかった」と述べています。

この貴重な体験は、まさに縄文ゲートが開放されて神様が降臨した証しでしょう。

それは畑田さんご自身が、「私たちの暮らしそのものが神事だったころは、常に禊《みぞぎ》の心で家の行事を行った」とおっしゃっているように、いかに困難な状況のなかにあっても人を恨まず、常日ごろから神仏を感じながら生活を営んでこられたからに違いありません。

まさに神つながりの生き方です。彼女は、健康相談に来られた方はもちろん、たまたま道ばたで出会った具合の悪い人を分け隔てなく治していかれ、自然の木や草たちとも普通に会話ができるそうです。分け隔てなく人を癒したり、植物と普通に会話したりできる感覚・感性も明らかに縄文的です。


今回ご紹介した3人以外にも、縄文から受け継いだ霊性を存分に発揮している素敵な女性、縄文の女神たちがたくさん出現しています。

それは彼女たちが「縄文ゲートはあなたのすぐそばにありますよ」ということを、身をもって教えてくれているということでしょう。

霊体としての自覚と魂の目的

女神たちだけでなく、僕自身、縄文から受け継いだ霊性をいかに発揮して生きていくか、ということを常に心がけています。

僕が人生の指針にしている「神様に全託する」というのは、自分や相手のすぐ後ろにある完全調和の世界（宇宙）を信頼してすべて委ねることです。

そうすると、宇宙の無限の力が注ぎ込まれてこの世の素領域の分布が変化し、エネルギーの流れが好循環を生んで、自分にとっても相手にとっても愛や調和がもたらされる――まさにこれこそ縄文の復活です！

このように、完全調和の世界であるこの宇宙は、「在りて在るもの」であって、すべてを生み出す創造原理ともいえます。

これは、母親と胎児の関係にも似ています。

胎児は、へその緒《お》を通じて胎盤から血液や栄養、さまざまなメッセージ物質を受け取り、みるみる成長を遂げていくわけですが、母胎が宇宙で胎児が僕たち、両者をつなぐへその緒が縄文ゲートや霊性にたとえられるからです。

そして、そのへその緒（縄文ゲート）が今一番太くなっていて、胎児が望むことは何でも母胎から与えられる時期に入っているのです。

あの世との境界である縄文ゲートを開け放つということは、霊体としての自覚が芽生え、魂の記憶や地球に来た目的を再確認することにもつながります。

反対に、ゲートを完全に閉じたままだと、肉体次元の自我意識にとらわれたまま霊体としての力が発揮できずに、魂がさまよっているような状態です。

かくいう僕自身も、前述したように、伯家神道の巫女様に会ったときに魂のルーツを告げられるまでは、そのような自覚はありませんでした。

ここで、そのときに巫女様に告げられた内容を記しておきます（このことは他の著書でもご紹介しましたが、重要なことなので再録します）。


宇宙のなかの高度に発達したさまざまな魂は、一度は地球という特異な環境に転生することでさらなる飛躍を遂げることができる。

ただし、地球に転生したならば「唯物論」や「自我意識」にとらわれてしまうため、魂の存在自体をも否定して、物質世界のなかに意識的に留まろうとして地球上で幾度となく転生をくり返すようになってしまう。

そうなっては魂の発展が望めないので、宇宙連合は地球が属する銀河系に隣接するアンドロメダ銀河から地球に近いシリウス星系に派遣した何隻かの巨大ＵＦＯ母艦を「宇宙センター」と名づけ、そこで地球環境に転生する前の魂を、物質や自我意識に惑わされないように訓練することにした。


ところが、せっかく宇宙センターで訓練したはずの魂であっても、その多くは結局この地球に転生した途端にすべての真実を忘れてしまい、自我意識による唯物論的な発想にとらわれる。

そうして、地球環境は魂にとっては永久に抜け出すことのできないブラックホールのような存在となってしまった。

この地獄に落ち込んでしまう魂が際限なく増えていったため、あるときシリウスの宇宙センター司令官だった僕は、優秀な訓練教官のなかから何人かを選りすぐって地球に送り込んだ。

その目的は、人間となって、地球上で何度も転生をくり返している亡者のような魂を救い、地球から無事に帰還させること。

ところが選りすぐった魂だったにもかかわらず、いったん地球に人間として転生してしまったが最後、やはりその唯物観と自我意識の虜《とりこ》になってしまい、まさに「ミイラ盗りがミイラになる」結果となった。

これでは地獄に落ち込んだ膨大な数の魂を救い出すどころか、逆に落ち込む必要がなかった魂までをも地球上でさまよわせることになると考え、僕はもっとも信頼できる副官をまずは教官救助のために地球へと転生させた。

それほどの高次の魂であっても地球環境への転生には危険がともなうのか、先に送り込んだ教官たちと同様に、人間としての地球転生のループに入り込んでしまった。

予期せぬ非常事態を打開するために何か手を打たねばと考えた結果、僕自身、つまりシリウスの宇宙センター司令官が人間として地球に転生した。

自分なら他の教官たちや副官のような失敗を重ねることはないと自負してのことだったが、そんな自負心こそが自我意識を生み出してしまうことに気づけなかった僕は、案の定、地球環境での転生をくり返してしまう……。

このときのシリウスの宇宙センターの副司令官が、矢作直樹先生だったわけですが、そんなことをまったく知らずに、矢作先生からの手紙を開いた瞬間、なぜか懐かしくて号泣するほど涙があふれたわけが、あとになって理解できたのです。

このことがあってから、僕は何のために地球に来たのかを思い出し、魂の目的に添って生きようと決めました。

そんなわけで、ひとりでも多くの人に魂が喜ぶ生き方をしていただくことを願って、僕の専門である理論物理学を駆使して、宇宙の背後にある根本原理やあの世とこの世の仕組みについてできるだけわかりやすい言葉で解説をしているのです。

当然、これからも人生をかけて続けていこうと思っています。

もし、あなたが縄文ゲートを開き、宇宙とつながることができるようになったら、あなたもそれを自分ひとりの欲のために使うのではなく、その霊性を魂が本当に喜ぶようなことに働かせてください。

そうすれば、完全調和の世界が動き、この世のすべてがよくなっていきます。

本書がそのきっかけになれば、幸いです。

おわりに

なぜ、1万数千年以上も前の人類が、自然と共生しながら争いのない平和な暮らしを長期間にわたって維持できていたのか？

この素朴な疑問に対して、これまで、誰もが充分に納得できるような説明は示されてきませんでした。

しかし、本書で述べたように、素領域理論に基づけば極めて合理的な説明ができるのです。


もちろん、縄文に限らず、宇宙の背後にある根本原理に基づけば、これまで謎とされていたスピリチュアルな出来事や奇跡、シンクロニシティや引き寄せなどについても、ごく当たり前のこととして理解できます。

最先端の物理学によって、「あの世」「神の領域」が解明される日も近いと考えているのは、決して僕だけではありません。

素粒子論の超ひも理論の大家でニューヨーク市立大学のミチオ・カク教授は、人類学と文化研究の地球哲学協会の発表で、「人はある知的存在が創造した法則の支配する世界に存在しているという結論に至った」と述べ、22世紀には人間をテレポートさせる技術が確立される可能性についても言及しています。

また、米『タイム』誌の「世界で最も影響力がある100人（2014年度版）」に選ばれた再生医療の専門家ロバート・ランザ博士は、物質ではなく生命と意識こそ現実理解のための基礎的な要素であり、意識は肉体的な死とは別物であるうえ、脳が意識を生み出しているわけではないとして、死後の世界を肯定しています。

他にも、多くの物理学者や臨死体験をした医師たちなどが、3次元の物理現象の背後にある死後の世界（完全調和の世界）の存在に言及しており、それなくしてはこの宇宙も存在し得ないといいはじめているのです。

このような動きからも、彼らはいち早く縄文ゲートの向こう側の世界を垣間見ていて、見えない世界の道案内としての役目を担っていることがわかります。

あとは、どれだけの人が肉体を持ったまま縄文ゲートを開くことができるかどうかですが、この本を読んでくださったあなたには、少なくとも、自分の願いや魂の望みをかなえるには宇宙からの働きかけが決め手になる、ということをおわかりいただけたと思います。

というわけで、僕も一足先に縄文ゲートを開き、神様の世界で多くの縄文人の子孫とつながれる日をお待ちしています。

令和元年7月吉日

保江邦夫

保江邦夫（やすえくにお）

理学博士。岡山市生まれ。東北大学で天文学を、京都大学大学院、名古屋大学大学院で理論物理学を学ぶ。その後、ジュネーブ大学理論物理学科講師、東芝総合研究所研究員を経て、1982年よりノートルダム清心女子大学教授、2017年より同名誉教授。さらに、キリスト伝来の活人術である冠光寺眞法を主宰、各地の道場にて指導にあたる。
著書に、『人生に愛と奇跡をもたらす神様の覗き穴』（ビオ・マガジン）、『ついに、愛の宇宙方程式が解けました』（徳間書店）、『祈りが護る國 アラヒトガミの霊力をふたたび』（明窓出版）他多数。

保江邦夫公式ウェブサイト　https://yasuekunio.com/

願いをかなえる「縄文ゲート」の開き方

2019年8月5日　第一版　第一刷
2024年5月30日　　　　第七刷

著　者　保江邦夫

発行人　西 宏祐
発行所　株式会社ビオ・マガジン
〒141-0031　東京都品川区西五反田8-11-21
五反田TRビル1F
TEL:03-5436-9204　FAX:03-5436-9209
http://biomagazine.co.jp/

編　集　有園智美
編集協力　小笠原 英晃
校　正　株式会社ぷれす
デザイン　堀江侑司
イラスト　土屋和泉

印刷・製本　株式会社シナノパブリッシングプレス

ISBN978-4-86588-051-9　C0011

あなたの願いをかなえる

縄文の秘儀

向き合う心を整えるために
それぞれの願いを持って、
開封の儀式をしてください。

①
手を合わせて深呼吸をする

②
心を整えて、
この秘儀を使う意図を
明確にする

③
最大級にていねいに、
カッターやハサミを用いて
開封する

これから、縄文ゲートを開く、
とっておきの秘儀を伝授したいと思います。

この秘儀にかんしては、かつてはいろいろな宗教儀礼や技法のなかで、同様の方法が用いられてきました。

ですが、現在は陰陽師の家系だけがこの方法を伝承しており、これまでは門外不出の秘儀でした。

しかし、今回はじめて公開させていただくことにしました。

それは、**岩笛の原型である「法螺《ほら》」を使う簡単な方法**です。

法螺《ほら》のつくり方

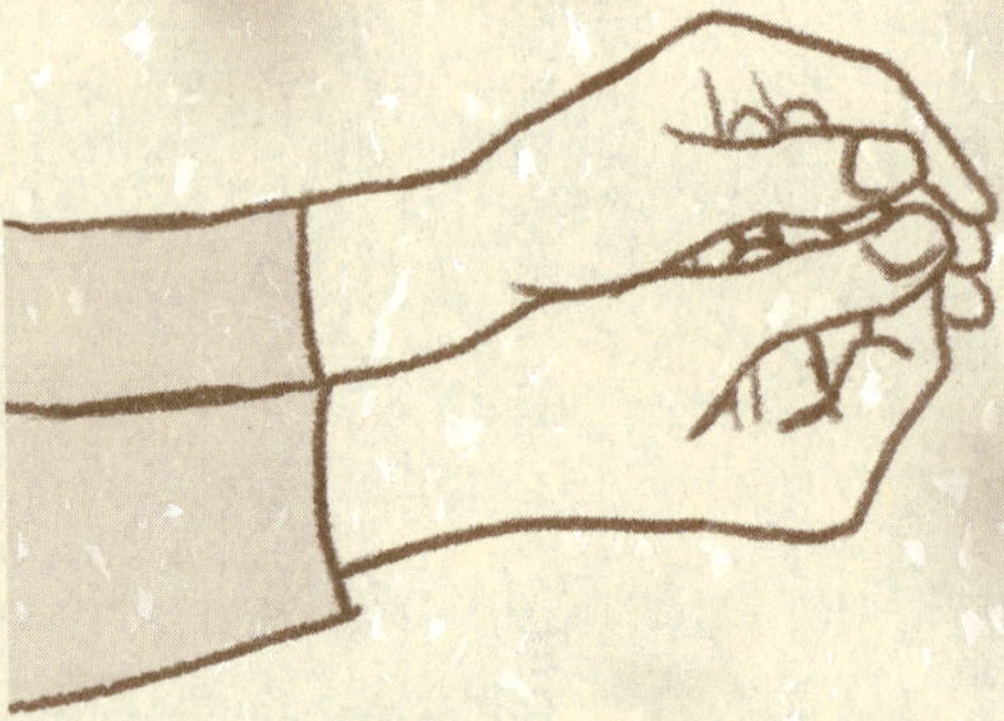

①右手の５本の指を軽く丸めて、それを包み込むように左手の指をかぶせる

②両手の親指を少し曲げて隙間《すきま》をつくり、中央に細い穴（1㎝程度）を開ける

③この法螺に向かって、かなえたい願いごとを、小さい声でささやくように唱える

④願いの言葉を「5・7・5」調で唱えると、より効果的です

願いごとは、
「神様の耳」に向かって、
ささやくように唱える。

なぜ、法螺にささやくと願いがかなうのか？

山や霊地で行われる霊性を高めるための修行、修験《しゅげん》でも法螺貝を使用します。

法螺貝は、形が大日如来を表す梵字《ぼんじ》の形で、宇宙の根源である大日如来の境地への入口を表しています。

法螺貝を吹くのは山の神である「山彦《やまびこ》」が声音をまねる、応えてくれるという解釈もあります。

ですが、実は邪気を払う魔除《まよ》けであると同時に、本来は宇宙に祈りを届ける秘儀でもあったのです。

行者が法螺貝を吹くのは、法螺貝の音に込められた祈りのエネルギーが、超自然的な響きとなってあの世に届くからです。

その響きが山彦のような反響音となり、この世の素領域を変

化させ、素粒子の構成をつくり変えるのです。

つまり、望みどおりに環境を最適化してくれるのです。

本書でお伝えした、手でつくる法螺の形にも、それと同じ効果が認められています。

この法螺の形は神様の耳穴です。

その神様の耳元に向かって自分の希望をそっとささやいていただくだけで、万能の神様がそれをかなえてくれるのです。

法螺貝（提供photoAC）

法螺を使うと、
この世のすべてを、
あの世の側へ移動させる
ことができる。

法螺は縄文人が残した叡智の結晶

祝詞を奏上するときに古神道などで使われる岩笛も、基本的にはこの手でつくる法螺がもとになっています。

岩笛が縄文を象徴する吹奏祭具といわれているのも、この法螺に向かって言葉を発しながら、あの世とこの世を行き来し、交信していた様子がもとになっています。

縄文人は手でつくる法螺を、いわばエネルギーの変換装置として使っていたのです。

これが、レムリア―縄文人が使っていた宇宙の叡智です。

彼らが何メートルもある巨石や巨木を自由に動かせたのも、このエネルギー変換装置を使っていたからです。

この手でつくる法螺が、のちに自然石でできた岩笛に代用されたり、法螺貝に取って代わられたりしていったのです。

余談ですが、「あいつはほら吹きだ」というのも、もともとは法螺に向かって何度も同じ言葉を唱えている様を指しています。

その本当の意味が理解できない後世の人たちが、悪い意味で使うようになったということです。

ですが、聖書にも『はじめに言葉ありき』と書かれているように、自分の発した言葉は、言霊・音霊のエネルギーとなって広大無辺の宇宙に放たれ、ひな型となって現象化を促します。

願いを言葉にすることは、とても大事なことなのです。

あなたは縄文人から、「願いをかなえる運命」を受け継いでいます。

法螺に向かってその願いを唱えるだけで、その運命が拓けるのです。

縄文人から受け継いだ叡智を、ぜひ活用してください。

ひとつ、この秘儀を使ううえで、あなたにお伝えしたいことがあります。

宇宙には善悪・正邪などの価値判断はないので、願ったことは何でもかなってしまいます。

あなたが人生を豊かに過ごし、愛や調和を望む人なら、この秘儀を使って人を貶《おとし》めたり、否定的な願望をかなえたりすることはやめてください。

そんなことは、あなたの本当の望みではないはずです。

自分も周囲の人も幸せになるような前向きな願望が望ましいことはいうまでもありません。

エゴが少なければ少ないほど、自分にとっても、周囲の人にとっても幸運が舞い込んでくることでしょう。

今までこの秘儀は、ある程度修行を重ねた人でないと効果がなかったものです。

ですが今は、完全調和の働きが強くなっていて、誰でも簡単に効果が得られる時代になりました。

僕は令和の時代に入り、「この秘儀をお伝えすべきときが来た」と感じたのです。

この秘儀で、あなたが願いをかなえ、縄文人の心を目覚めさせていただければ、望外の幸せです。

最後に、あなたの人生が輝くために、日常的に法螺で唱えるとよい言葉をお伝えします。

「縄文の　扉を開け　中今《なかいま》に」